大 学 问

始 于 问 而 终 于 明

守望学术的视界

Lectures on the

全汉昇 著

明清经济史讲稿

Economic History of Ming and Qing Dynasties

GUANGXI NORMAL UNIVERSITY PRESS
广西师范大学出版社
·桂林·

明清经济史讲稿
MINGQING JINGJISHI JIANGGAO

图书在版编目（CIP）数据

明清经济史讲稿 / 全汉昇著. -- 桂林 : 广西师范大学出版社，2024. 11. -- ISBN 978-7-5598-7352-1

Ⅰ. F129.48

中国国家版本馆 CIP 数据核字第 2024GP6657 号

广西师范大学出版社出版发行
（广西桂林市五里店路 9 号　邮政编码：541004
网址：http://www.bbtpress.com）
出版人：黄轩庄
全国新华书店经销
广西广大印务有限责任公司印刷
（桂林市临桂区秧塘工业园西城大道北侧广西师范大学出版社集团有限公司创意产业园内　邮政编码：541199）
开本：880 mm × 1 240 mm　1/32
印张：5.25　　字数：62 千
2024 年 11 月第 1 版　　2024 年 11 月第 1 次印刷
定价：60.00 元

“清华”文史讲座缘起

台湾清华大学在1984年秋创设一个新的学院，称之为人文社会学院。这个学院的创立虽不敢说是要继承民国时代清华人文学术的光荣传统，但是其目标仍在拓展人文学与社会科学的研究领域，使“清华”恢复成为一个完备综合的大学。三年来，“清华”在人文学领域已设有中国语文、外国语文、历史、语言学等系所，不久的将来亦拟设立文学研究所，在文史方面之科系可说已略具规模，而教学与研究亦齐头并进，相辅发展。

“清华”校方对人文社会学术风气之提倡亦不遗余力，首先于1985年6月全校毕业典礼中邀请余英时院士莅校做特别演讲，其后每学期均拨出相当经费，配合“国家科学委员会”之资助，供各文史系所邀约极负声望的学者来校担任讲座，发表系列演讲。担任讲座的诸先生，对“清华”特别厚爱，不是携讲稿来校，就是事后整理成篇，愿供“清华”出版为文史讲座系列丛书。此一雅意，对“清华”人文社会学院师生是一个很大的鼓励，我们自然不可能达到英时先生所期望的历史所同学“学际天人，才兼文史”的境界，但是总希望借他们提示的经验与方向，为学术拓展一个新园区。

历史研究所为这一讲座的策划最费心力，又经研究所的接洽，联经出版公司刘国瑞总经理慨允刊行这一丛书，谨向他们表示谢意；同时也要再次对过去以及将来支持这一讲座出版的学者，敬致谢忱。

李亦园

1986年岁末

写于新竹“清华园”

序

1987年正月，我应台湾清华大学人文社会学院历史研究所的邀请，到台湾清华大学开设讲座，演讲明清经济史研究前后共六次。这本小册子，根据录音带整理而成，可说是当时参加讲座诸先生、同学共同努力的成果。这一系列的演讲有机会出版，在这里，我谨对毛高文校长、李亦园院长等师友的帮助，表示衷心的谢意。

全汉昇

1987年8月11日

目录

上编

明清中外交通与贸易

第一讲

中国与葡萄牙的交通与贸易

葡萄牙在15世纪最后1/3的时间，沿着非洲大西洋海岸探险，于1488年到达非洲南端的好望角，从此以后继续探险，于1498年到达印度西岸加里库特（Calicut），1510年占领果阿邦（Goa），1511年占领马六甲（一作满剌加，即Malacca），1557年占据澳门，一直到现在。葡人东航是在15世纪最后1/3时间，他们的活动开始发现了由欧洲葡萄牙经非洲到亚洲的新航线，新航线长度约为15,000英里（1英里约1609.3米）。在此半个多世纪之前，在15世纪头1/3时间，中国的航行队伍由郑和率领，从苏州附近、太仓东北面的刘家港出发，横渡印度洋，直达非洲赤道以南今日肯尼亚（Kenya）所在的地方。这条由亚洲到非洲的航线亦约为15,000英里，与葡人在50多年后发现的欧、非、亚航路长短大致相同。

郑和下西洋的航海规模远比葡人大。葡人共有3艘船，最大的一艘载重120吨、长80尺（1尺约0.33米），其他两艘分别为40吨与50吨，共约150人，如此而已。郑和在永乐三年（1405）至宣德八年（1433）共七回下西洋，最大的船为44丈（1丈约3.33米）4尺长，18丈宽，大小船共260艘，人数约共27,000人；船数约为葡萄牙的90倍，人数更高达180倍。然而郑和的航海只限于15世纪头1/3时间，其后便终止了。葡萄牙人在15世纪最后1/3时间的航海，却继续发展，在亚洲建立许多根据地，其商业网遍布各国。两者之所以有这样的差异，乃是因为郑和航海的目的，其政治性、军事性，远较经济意义来得大。

明成祖与惠帝之争的结果是，虽然成祖占领了南京，但惠帝却失踪了。成祖希望彻底地知道政敌惠帝的下落，故有人认为成祖要郑和大规模地到东南亚各国活动，主要目的是侦察政敌的踪迹。另有一说法认为郑和替成祖出使海外各国，目的是使各国遣使朝贡，以增加成祖的威望。还有，当时在中亚的帖木儿，在14世纪末年统一察合台汗国（中亚），到15世纪初又灭伊尔汗国（波斯），到了永乐二年（1404）十一月决定东征明帝国，可是到1405年二月帖木儿却在出征路上身死，计划终止。明政府可能有感于来自中亚的边防威胁，故派遣郑和出使东南亚，到印度与印度邻近的国家，谋求在外交上订立同盟来对付帖木儿。无论如何，郑和下西洋的政治意义比较大，是很明显的。但是他的航海规模既然远比葡人的大，花的钱自然很多，故明政府可能感受到经济财政的压力，于宣德年间终止大规模的海上活动。此外当时蒙古人在长城以北还继续维持强大的军事力量，对明帝国构成威胁，因此成祖迁都北京，把中央政府设在国防第一线，好让自己能够亲自指挥军队来对付强大的敌人。因为明政府要集中力量来对付强大的蒙古，对东亚、南亚的海上发展便不再积极进行，所以原来由郑和开辟的亚、非航线便终止了，这是可能的解释。还有一种说法是，一方面，当时郑和所到的非洲，经济比较落后，商业不发达、市场不大，获利也不多。另一方面，葡萄牙人于15世纪末到东方，他们的航海规模远不及郑和，然而他们的经济利益却很大，收获非常丰富。他们于1498年到加里库特，于1499年回葡萄牙，船上运回大量香料，在欧洲市场上卖价极高，出售后所得利润为投资的60倍。这主要是因为土耳其人在1453年占据君士坦丁堡（今伊斯坦布尔），中断了欧、亚贸易的必经之路，亚洲香料来源被切断，欧洲市场上香料价格越来越高。因此在经济上，葡人发展欧、非、亚航线，是极有前途的；而郑和的航路却没有这样大的经济利益。

葡萄牙人到印度果阿邦后，继续往东发展，到达马六甲，这是太平洋与印度洋之间的交通要冲，再往东便抵达中国沿海。在中国沿海经过多年的活动，葡人于1557年（嘉靖三十六年）便从中国取得澳门作为据点，发展东方贸易。当时中国的大明宝钞价值下跌，普遍以白银作为货币，而中国银矿生产有限，不能满足需求，在求过于供的情况下，银价上升。葡人发现从欧洲运白银到东方，越往东价值越高，直到中国为止。同样的银子，在1592年及其后若干年内，在广州1两黄金只换5.5两到7两白银，在印度果阿邦却换9两，而在欧洲却换12.5两到14两白银，故葡萄牙人自然会把大量白银运到东方来。

明孝宗弘治五年（1492），哥伦布发现美洲新大陆。美洲西班牙殖民地中，南美洲秘鲁的波多西（Potosi）为当时世界最大的银矿，1580—1600年波多西白银年产量高达254,000

公斤，占当时全世界白银生产量的60%多。后来经过长期的开采，这个银矿产量日渐减少，但自17世纪末叶开始，墨西哥银矿产量激增，成为全世界银产最丰富的地方。在16、17、18世纪，全世界的白银生产量中，美洲银的产量，在16世纪占73.2%，17世纪占87.11%，18世纪占89.5%。西班牙人投资采炼美洲银矿，生产出来的白银，自然大量运回祖国，有一部分是作为西班牙人在殖民地投资的报酬，另一部分是西班牙政府以矿产税的名义拿去，还有一部分则因为在美洲的西班牙殖民者，需要购买欧洲的物资来消费，而用银子来交易。据汉密尔顿（Earl J. Hamilton，芝加哥大学教授）在1934年出版的一本书中的记载，西班牙港口在1502—1666年间从美洲大陆共输入银16,886,815公斤，金181,333公斤，就价值来说银是金的三倍。但这只是官方登记的统计数字，走私进口的约为此数的10%—50%。

由于自美洲长期大量进口白银，而银是当

时流通的主要货币，所以西班牙本国的物价自然蒙受影响而高涨，17世纪头十年西班牙的物价约为16世纪头十年的三四倍。由于欧洲其他国家的物价远比西班牙低，所以其他国家把货物大量运往西班牙出售获利，使西班牙贸易因入超而输出白银。最靠近西班牙的葡萄牙，自然向西大量输出货物，把西班牙人手中的银子赚回本国。

葡萄牙人除了因地理上和西班牙比较接近而获利，他们又在亚洲把香料运回欧洲，控制了欧洲各国的香料市场。葡人把大量香料卖给西班牙，自然换来巨额的白银。

除此之外，葡萄牙人还有其他赚取西班牙银子的方法，那就是从事奴隶贸易。西班牙人到达美洲大陆后，把欧洲的传染病菌带到美洲，如天花、伤寒、霍乱、斑疹伤寒等，使美洲原住民大量死亡。墨西哥中部的原住民在1519年共有2500万，到1595年只剩下130多万，光是1576年的瘟疫便使原住民死亡达40%—

50%。有人估计在16世纪80多年中，中、南美洲连附近海岛在内，原住民死亡达5000万。在15世纪的90年代，美洲原住民原来比欧洲人口还要多，占当时全世界人口的20%，可是100年之后只占3%。

由于美洲原有人口的大量死亡，西班牙人在新大陆便遭遇到劳动力不足的问题，到处出现无人耕种、开发的荒地，不得不从非洲购买黑奴来增加劳动力。15世纪，葡萄牙人沿非洲西岸探险，他们在那里有好些据点可以收购黑奴运往美洲，使西属美洲的矿场、牧场获得充足的劳动力。1580—1640年葡萄牙王位由西班牙国王兼摄，因为葡王于1580年逝世后，没有承继人。葡萄牙人在政治上失去独立地位，西班牙王为着要补偿他们的损失，特准葡人从事奴隶贸易，把西非黑奴大量运往美洲出售获利。当时在美洲大陆，就墨西哥来说，一个奴隶可卖400西班牙银元（简称西元，peso），在秘鲁的卖价为550西元。在16世纪最后25年，非洲西部的安哥拉（Angola）每年约输出黑奴23,000人。这些黑奴贸易，由葡萄牙商人（尤其是葡籍犹太人）经营，葡人在西班牙人手中赚到不少银子。

葡人在西班牙人手中赚到巨额白银后，发现把银从欧洲运到东方来，价值比在西方高，故把大量白银运往亚洲。在16世纪80年代，每年约有100万“笃卡”（ducat，共约32,000公斤白银）运往远东。到澳门后，葡人到广州收购丝绸、生丝等货物；另外也有中国商人把货物运到澳门卖给葡商。在1600年前后，葡萄牙商船由澳门开航往果阿邦，每船有白色生丝1000担、丝绸12,000匹、黄金3—4担，此外又有大量麝香、水银、朱砂、糖、樟脑、黄铜、茯苓、陶瓷器等。在广州每担生丝售银80两，而到了印度却可卖200两一担，可见其利润之高。其中樟脑约200担由果阿邦全部转运回葡国，生丝也有一部分运往葡国，其余货物则大部分在印度出售。当时在印度西岸的果阿邦是葡萄牙人进行欧、亚贸易的重要根据地，故有不少中国货物转运往欧洲。1603年荷兰海军虏获一艘自澳门开往果阿邦的葡萄牙商船，船上货物后来运回荷兰阿姆斯特丹出售，换取了340万荷盾，约相当于570万银元。

位于印度洋与太平洋间的马六甲，是澳门和果阿邦间葡萄牙商船必经之路，但在马六甲被葡人占据130年之后，荷兰海军把葡人打败，于1641年占领马六甲。此后葡国在澳门、果阿邦间航行的商船，路经马六甲海峡时，便常常受到荷海军的阻扰，从此澳门、果阿邦间的贸易便日渐衰落了。

葡人于1557年占据澳门后，又向北发展对日本长崎的贸易。嘉靖年间（1522—1566），日本海盗（倭寇）骚扰中国东南沿海，明政府禁止中国商人从事对日贸易，可是澳门葡人收购中国货物运往日本长崎出售，明政府却无从禁止。因此葡萄牙商人以澳门为根据地，乘机发展中国与日本间的贸易，而中国商人欲与日本贸易，只有走私一途，而走私是违法的，风险非常之大。由于这种特殊情况，澳门葡人将中国丝绸、生丝等日本人亟需的中国货物运往日本高价出售，自然赚取巨额的利润。葡人运往日本的货物与运往果阿邦的有些相同，如各种颜色的生丝、丝绸，以及黄金、麝香等，除此之外，中国药材如大黄、甘草、茯苓等，也大量运往日本出卖。大黄在澳门以2.5两一担收购，但在日本却以5两一担出售；甘草每担在澳门售银3两，到了日本则为9—10两；陶瓷器、水银、锡、丝、糖等差不多都是这样。

在16、17世纪，日本是银矿生产比较丰富的国家。1618—1627年，日本有一银矿名佐渡银矿，每年缴纳30吨白银给政府作为矿产税，相当于1/3至1/2的生产量，可推知佐渡银矿每年起码生产60吨至90吨白银。另一个银矿名生野银矿，在16世纪末，每年向丰臣秀吉缴纳税银10,000公斤。17世纪初，岩美银矿每年缴纳给德川家康12,000公斤的银子。日本银矿产量如此丰富，葡萄牙商船自然愿意把中国货物运往长崎出售，把大量银子运输出口，在1599—1637年总共输出银5800万两。葡船每年运出银：1635年，3艘船输出银150万两；1636年，4艘船输出银235万两；1637年，6艘船输出银260万两；1638年，输出银125万两。其中大部分可能都转运入中国，以便购买中国货物。除了美洲白银，日本白银也为中国所吸收。但1638年以后葡萄牙船再不能从事对日贸易，因为1637年日本基督教徒发动叛变，葡萄牙耶稣会教士也牵涉在内。葡国耶稣会士随着澳门、长崎贸易的发展，到日本传教，传教的成绩很好，却为信仰神道或佛教的日本人所激烈反对，他们认为日本教徒听从欧籍神父的话更甚于政府，于是发生冲突。1637年日本基督教徒发动叛乱，政府于1638年派兵平定，发现葡萄牙神父牵连在内，故从1639开始禁止葡船由澳门前往长崎贸易。

葡萄牙人虽然失去中、日航线的财路，但

是幸而在此之前澳门葡人又已开辟另外一条商业路线，前往菲律宾贸易。菲律宾自1565年开始被西班牙人占领，西班牙与葡萄牙本来互不兼容，但在16、17世纪之交，荷兰人开始到东方来从事海上活动，而荷兰海军力量强大，西班牙与葡萄牙必须合作才能应付；同时，1580年葡国王位由西班牙王兼摄，使西、葡合作变成可能，故澳门的葡萄牙人乘机大量运输中国货物到菲律宾去卖。荷兰海军势力强大，曾于1622年自东印度出发，欲以武力攻占澳门，可是葡人以逸待劳，击败了远道来攻的敌人。

据说葡人利用黑人作战，出战前先给黑人喝酒，使他们勇不可当，最后把敌人打败。同时，葡军的炮弹击中了荷兰的军火船，以致荷军被迫撤退。基于唇齿相依的情势，西班牙与葡萄牙不得不合作对付强大的敌人荷兰。荷兰又欲占领菲律宾，故用海军封锁菲岛，中国商船也被禁止运货赴菲。荷兰人在1624年侵占台湾，以台湾南部为根据地，拦阻由福建出海到菲律宾的中国商船，这样却使葡萄牙人在中国澳门到菲律宾的航线上从事贸易变得较为理想，因为台湾距离澳门较远，荷人较不易拦阻。因此虽然在1638年后不能再经营对日贸易，但葡萄牙人还有机会发展与澳门、马尼拉间的贸易。

因为在菲律宾可以赚到西班牙人自美洲大量运来的银子，所以到菲律宾的中国商人人数大为增加，相对之下西班牙人却显得较少。西班牙人怕自己在菲律宾的统治受到威胁，因此在1603年及1639年，两次和中国人发生冲突，1603年华人在菲律宾被杀的超过25,000人，在1639年也有20,000多人被杀。由于中、西冲突，此后开往菲律宾的中国商船自然大减；但西班牙人却亟须中国货物输入菲岛，再转运往美洲，以便维持太平洋航线的营运。澳门的葡萄牙人遂乘机大量运送中国生丝、丝绸等货物到菲律宾去，售给西班牙人。根据马尼拉海关的统计，在1611—1615年入口关税中，向中国货物抽的占91.5%，可以想象中国货物与菲律宾关系的密切，而此时货物主要由中国内地运出；可是到了1641—1642年，中国货物占马尼拉入口关税总额的92.06%，而其中50.06%由澳门运出，内地直接出口的只占51.5%。由此可见葡萄牙人以澳门为据点来发展中、菲贸易的情况。

总括上述，可知中国进口的白银，一部分由美洲新大陆运到西班牙，再由葡萄牙人赚取之后转运到中国来；另一部分由西班牙人自美洲运往菲律宾，再由葡萄牙人运到澳门，然后流入中国内地；也有一部分是由葡萄牙人自日本运往澳门，再运入中国内地。

讨论：

问：葡萄牙人在东方经营贸易，曾称霸一两百年之久，是什么因素使其在后来却为荷兰、英国等所取代？

答：1640—1641年马六甲失守，被荷兰人占领，而在此之前的130年都是葡萄牙人的根据地。17世纪初荷人海军比葡强大，好望角航线虽被葡独占，但因荷兰船性能好，可远航，不必靠近好望角的航线，而靠南边走可以避过葡萄牙势力到达荷属东印度。

问：除了地理上的因素，是否还有经济上的理由？有一本书记载，因葡萄牙政府主要征收殖民独占税，葡人不愿付，故从荷兰或欧洲北部走私进口。

答：荷兰是一个商业国家，葡萄牙、西班牙及其殖民地均需要许多商品，如航海用的帆等，都需由荷兰人供应，因此西、荷贸易中荷兰大量出超。在17世纪每年有30—50艘荷兰船开到西班牙的港口，把它的银子运走。有人估计每年从美洲运到西班牙的白银，有15%—25%马上被荷兰船载走，有人甚至估计荷兰船运走的银子高达50%。

问：当时的贸易中，中国除了白银，还有没有其他货物的需求？当时的中国人是否也有重商主义的倾向？

答：中国商人除了进口白银，胡椒的进口也很重要，一船一船好几百担地进口。另外象牙、燕窝也是进口的商品，但以价值来说还是以银为最重要。根据张燮《东西洋考》，当时中国海关征收一种税，名加增税，因为从菲律宾回到福建月港（海澄县治）的船，里面所运的货很少，银却很多，故海关要向每船抽150两的加增税；《天下郡国利病书》亦有类似记载。中国在有形无形间应该有重商主义的经济思想，如银在中国市场购买力强，中国商人大量输出货物以输入更多的银子，银进口之后便很少再出口。和别的国家比较起来，当时中国经济发展的程度的确比较好。如西班牙本土也出产蚕丝，但运到美洲殖民地出售，其售价却是中国产品的3倍。可见中国工业产品在国际市场上的竞争力非常之大。重商主义者认为货币就是财富，而货币主要是银，中国大量输入银，可说是重商主义的体现。

问：中国当时商业发展不错，何以没有殖民主义出现？葡萄牙航运贸易利润极高，何以中国人不自己来做？

答：当时在中国的澳门与果阿邦之间的船主要是葡萄牙船，因为葡据马六甲及果阿邦，可以把货物运回欧洲出卖。而郑和只到达非洲，但非洲土人购买力低，亚、非航路的经济价值不高，故政府不再支持，后来虽有私人出海贸易，但政府也不鼓励。此外，葡船载重1200吨至1600吨，且有厉害的炮火保护其航行于印度洋及太平洋上，中国的商船就没有这样的条件。至于殖民主义并不是一个简单的问题，牵涉政治、经济等多方面的问题。

第二讲

中国与西班牙的交通与贸易

1492年，即明孝宗弘治五年，由西班牙政府资助，哥伦布从西班牙出发，横渡大西洋，发现美洲新大陆。哥伦布原来的目的地是中国。13世纪意大利旅行家马可·波罗曾到中国游历，他回国后写成《马可·波罗游记》一书。此书出版后影响很大，因书中提到中国的财富非常多，引起欧洲人前往中国的兴趣。例如该书说中国人烧开水，只要在地上把黑石一烧便成，13世纪欧洲对煤的使用还不普遍，他们对中国人用煤感到很稀奇。中国人用煤有相当长久的历史，过去山西东部便有女娲炼石补天的神话，传闻炼石就是用石炭（煤）做燃料，而山西东部正是煤矿储藏丰富的地方。欧洲较早用煤的国家是英国，在1540—1640年，因为普遍用煤而引起工业方面的进步，曾被称为“早期的工业革命”。在《马可·波罗游记》中，还指出中国的大汗（元朝皇帝）非常有钱，随便用一张纸，上面打一个印，便可在市场上买东西。这就是钞票的使用。其实钞票早在宋真宗在位时（998—1022）已在四川使用，但普遍使用还是从元朝开始，这时欧洲人还不知道使用这种信用货币。

由于马可·波罗的影响，往后欧洲人向外发展时，总希望能到中国。当时欧洲人已相信地球是圆的，所以当葡萄牙人向东航行欲到中国时，西班牙人却向西航行，认为也可到达中国，不过事实上哥伦布到的是美洲，后继的人仍航向东方。西班牙人于1565年以墨西哥为根据地，横渡太平洋，开始占领菲律宾。

西班牙因为要加强帝国内部的统治，而

当时他们以墨西哥为据点来统治菲律宾，需要加强菲律宾与美洲之间的联系，故以大帆船（galleon）航行于美洲与菲律宾之间。此种船载重小的是300吨，大的1000多吨，最大的2000吨，船由墨西哥港口阿卡普尔科（Acapulco）出发，沿太平洋南边向菲律宾航行，为时8—10个星期。在菲律宾停留一段时间来装卸货物，然后回航。但因风向往北走，经过北太平洋，沿加利福尼亚往南回墨西哥，为时4—7个月，视气候而定。这种大帆船每年有1—4艘来回航行，而以2—3艘为最多。因为西班牙大帆船航行于美洲与菲律宾之间，所以当时太平洋又被称为“西班牙湖”。

由美洲开往菲律宾的船，载有各种不同的美洲物产，以白银的价值为最大。美洲银矿产量，自16世纪大量增加，银的价值相对地降低；而在太平洋另一端的中国，银的价值却非常昂贵。明朝政府于洪武八年（1375）发行大明宝钞，到了明中叶前后，由于发行量激增，价值低跌，人民拒绝使用，而改用白银来交易。为着要维持宝钞的价值，政府一度禁用银作为货币，然而民间还是继续保留银子而拒绝用钞。到了英宗正统元年（1436），政府改变政策，征收“金花银”，规定在长江流域及长江以南水道交通不便的地方，人民用银代替实物来缴纳田赋，每4石米、麦改用一两银子来缴纳，称为金花银，此后政府每年得到100多万两银子的收入。政府征收金花银，有一必需的条件，就是准许人民用银作为合法货币，假若不许农民卖米、麦换银，何来白银交税？因此1436年金花银的征收，表示自这年开始白银成为合法货币。这种情形一直至民国二十四年（1935）才发生变化，因为是年中国取消以银为法定货币的政策，改由中央银行、中国银行、中国农民银行及交通银行发行法币，银子必须换成法币才能在市场上交易。故中国使用银为货币，约500年之久。

中国在明中叶前后开始普遍用银做货币，

对银的需求大增，然而中国银矿产量有限，不能满足用作货币的需求，由于供不应求，银在中国的价值特别高涨。来往于菲律宾与美洲之间的西班牙大帆船，把太平洋东西两岸两个银子价值不同的地区联系起来。美洲银多而价低，中国银少而价高，西班牙大帆船便以菲律宾为媒介来加以联系。当时菲律宾因原住民文化水平低下，经济落后，西班牙人在菲岛日常生活的消费品，不能从当地得到满足。但距离菲律宾约600—700英里的中国，物产丰富，故有不少中国商船由广东、福建开航往菲律宾，把货物卖给西班牙人。除了生活消费品，尤其重要的是西班牙大帆船回航美洲时，必须找到较高价值的商品运回出售，才能负担大帆船在太平洋上继续航行，这种情况长达250多年。这种商品在菲律宾找不到，虽然菲律宾也有些物产，比如麻，但价值低下，如大量运往美洲出卖，而销路不好，赚不到钱。在这种情况下，西班牙人发现中国商人运来的生丝及丝绸，若大量运销美洲，可获得不少利润，同时这些商品也可负担远程的运费，故每艘大帆船自菲岛回航时，都载满生丝、丝绸等货物。于是中国江浙太湖地区生产的丝与丝织品大量外销，换到了不少银子。银与丝遂成为西班牙大帆船在太平洋上长期航运的主要商品。

在16、17世纪，秘鲁波多西是当时全世界银矿最丰富的地方。此地海拔4100米，因为地势高，故开矿排水没有问题。同时这个银矿的矿砂含银高达50%，地面矿脉长90米，宽4米，而且露出地面，故开采比较容易。1575年以后的25—40年间，此地银产量占全世界银产量的1/2或更多。出产的银大部分运往西班牙，不过到西班牙帝国扩展至菲律宾以后，情况有了改变。因为西班牙人发现银运来东方之后，购买力更大，故运到菲律宾来与中国商人做买卖。在西班牙人到达菲律宾200年后的1765年，有一西班牙官员指出：过去自美洲运到菲律宾的银子价值超过2亿西元，然而当时仍然留在菲律宾的只有80万西元，毫无疑问，这些白银大部分都流到中国去了。另外有一估计，从1571年（明隆庆五年）至1826年（清道光六年），前后250多年，自美洲运到菲律宾的银子价值共约4亿西元，其中有1/2流入中国，但这项估计可能仍然偏低。法国历史学家布罗代尔（Fernand Braudel）所著的*The Wheels of Commerce*（N.Y.，1986）引用两位法国学者的研究，其中一位为谢和耐（J. Gernet），他认为在1527—1821年之间美洲出产的白银，至少有1/2流入中国；另一位为皮埃尔·肖努（Pierre Chaunu），他则认为可能是1/3，而非1/2。布罗代尔说美洲白银大量流入中国是可以相信的，因为同样一两黄金，在美洲换到的银子，约为在中国换到的两倍。

西班牙人自美洲运银往菲律宾，可以购买大量的中国商品。虽然菲岛西人有时和中国人发生冲突以致贸易停滞，但仍有葡萄牙人作为中介来经营中菲贸易，故银子长时期大量流入中国是没有问题的。有感于美洲白银通过菲律宾大量运往中国，在1638年，有一位西班牙海军军官说："中国皇帝能够用来自秘鲁的银条来建筑一座宫殿！"另一位意大利旅行家在17世纪曾记载："中国商人曾称呼西班牙国王为'白银之王'。"但此说在中国的记载中找不到证据。

由于美洲白银的大量输入，中国国内银的流通量自然激增，故明中叶后国内各地市场上能够普遍用银做货币，政府于是废除实物租税和徭役，而改为实行以银纳税的一条鞭法。

16、17世纪是欧洲重商主义盛行的时代，重商主义者认为货币就是财富，而当时货币以白银为主，可是白银却大量运往东方去。在1591—1600年，每年由美洲运回西班牙的银子（内有一小点黄金），价值约为700万西元，可是到1651—1660年，每年运回西班牙的，只有100万西元左右。此种运回西班牙的银子减少的情况，原因有许多，如美洲银矿长期开采，产量自然减少，或银矿越掘越深，运出矿砂的运费增加，等等，都会造成银产量的减少。还有西班牙在美洲的殖民地，经济自行发展，货币流通的需求也增加，故好些银子被留在美洲，没有运回西班牙。但当时的西班牙舆论却认为，银子大量运到中国，是运回西班牙的银子减少的主要原因，西班牙人认为长此下去，对西班牙很不利。因此有人建议放弃菲律宾，免得白银继续大量流入中国。另有些人要求以菲岛与葡萄牙人交换巴西，因为当时美洲大部分土地属西班牙，只有巴西为葡属，故主张以菲律宾换巴西。又有人建议把航行于菲律宾与美洲之间的大帆船航线取消。这些建议当然没有办法实行，因为有好些西班牙人主张保留菲律宾。在军事方面，西班牙人认为在太平洋上，菲律宾可作为西属美洲的前哨，若太平洋有敌人攻打美洲，菲律宾可保卫其安全。当时菲律宾的西班牙传教士，以多明尼哥派为主，他们认为要以菲律宾为据点，把天主教教义传播给东方各国，不应放弃。无论如何，菲律宾还是被保留下来作为西班牙殖民地，直至1898年美国占领菲律宾为止。

上述美洲白银之所以流入中国，主要是因为中国丝货向美洲大量输出。在1636年以前，每一艘船从菲律宾回航美洲，载有300—500箱的丝织品，但到了1636年，有一艘船的丝织品超过1000箱，另一艘多至1200箱。每一箱的容量，以1774年的船为例，有缎250匹、纱72匹，重250磅；另有些箱子载长筒丝袜或番袜1142双，重230磅。1587年正值英国与西班牙交战时期，由英国卡文迪许（Thomas Cavendish）统率的希望号船，在加利福尼亚附近海洋上和一艘西班牙大帆船交战，结果西船战败，船中载运的中国丝绸等物，成为英人的战利品。英船于翌年（1588）回航英国，英女王伊丽莎白一世曾上船参观，对船上华贵的中国丝织品印象非常深刻。这艘船的货物在马尼拉值100多万西元，若运到墨西哥出售则可获

200多万西元，刚好是双倍价值。

当时美洲西班牙人所穿的衣服以及僧侣的法衣，都用中国丝绸来缝制。随着中国丝绸运美数量的增加，价格下降，连黑人、美洲原住民等穷人都可以买得起；在美洲的炎热低地，美洲原住民更喜欢用中国丝绸来做衣服穿，因为西班牙法律规定，一定要穿衣服，不能裸体。当然中国的丝绸运到美洲后，也有一小部分转运到西班牙去卖。

中国生丝运到美洲出卖，在墨西哥加工制造成丝织品。1637年有一报告指出，墨西哥因用中国生丝加工织造，而得到就业的人数，高达14,000人。

中国丝绸生产成本低廉、售价便宜，因此在美洲市场上给予西班牙制造的丝绸以严重的威胁。西班牙南部生产蚕丝及丝织品，运到美洲殖民地出售，可是在16、17世纪，在秘鲁市场上，同样的丝绸，西班牙产品的价格昂贵到为中国的三倍。由于中国丝绸便宜，在美洲市场占有优势，西班牙丝绸便没有销路，结果西班牙的丝织工厂被迫停工减产，工人失业。当时中国丝织工业的生产技术比较进步，生产成本比较低廉，故能远渡太平洋，到西班牙的美洲殖民地，打倒西班牙的产品。这种情况，在西班牙自然引起舆论的反对。因为向美洲输出的中国丝货对西班牙经济的影响非常严重，有人提议禁止中国丝货运往美洲出卖。可是菲律宾的西班牙人提出反对，因为只有中国丝货才能使大帆船航线经营获利，以加强西班牙帝国内部的联系。西班牙政府折中处理，只好下令限制中国丝货自菲输美的数量，然而菲律宾与墨西哥的西班牙官员因为有利可图，还是纵容商人超额运丝到美洲，并没有严格执行。

中国的蚕丝工业有长时期发展的历史，而西班牙的丝织工业却因受当时物价革命的影响，物价上涨，工资增加，从而生产成本提高。另外也因西班牙本国原有天主教徒与穆斯林，但信奉天主教的西班牙政府驱逐穆斯林出境，而西班牙穆斯林原来大部分都是工业技术人员，把他们赶走，技术人才缺乏，工资自然提高，生产成本也跟着增加，故不能在美洲市场上和中国产品竞争。

由于中国丝货大量输入美洲，西班牙人在1592年，由菲律宾运到美洲货物的价值，超过从西班牙运到美洲的。西班牙派遣哥伦布探险因而发现美洲，美洲大部分是西班牙殖民地，两者的贸易关系当然密切，然而从1592年起情况显然改观。也就是说，由菲律宾转运到美洲的货物价值，超过由西班牙运往美洲的价值，太平洋航线的价值大于大西洋航线。

西班牙政府由于对中国丝货运输美洲的限制没有成功，又设法限制秘鲁与墨西哥之间的贸易。因为秘鲁银矿丰富，人民购买力强，而大帆船到达墨西哥时，秘鲁人便到墨西哥大量购买中国商品。所以西班牙政府下令禁止秘鲁船到墨西哥大量收购中国货物，免得后者销路太大。秘鲁也曾派船到菲律宾，直接购买中国商品，可是西班牙政府加以禁止，只准大帆船航行于菲律宾与墨西哥之间，免得争相购买中国丝货，提高其价值，或使其销路变得更大。尽管如此，中国的丝货，由明中叶到清中叶，即由16—18世纪末，还是在这条航线上大量运往美洲出卖。

1557年葡萄牙人已占据澳门，而西班牙人到1565年才开始占领菲律宾。葡人以澳门为据点，要垄断中国丝绸贸易，故当西班牙船到达中国沿海，欲建立据点的时候，澳门的葡萄牙海军便使用武力驱逐西班牙人，因此西班牙大帆船只能在菲律宾与墨西哥之间航行，不能继续西行至中国，来与中国直接贸易。菲律宾与中国贸易的中间角色，只好由中国与葡萄牙商船负责，菲律宾变成转运的港口。随着中国丝绸及其他货物向菲律宾输入的增加，来到菲律宾的华人也越来越多，在1603年被杀的有25,000人之多。这些中国商人在马尼拉居住的地方称为Parian，西班牙文即“生丝市场”之意，在中国又称为“涧内”或“八联”，相当于唐人街。由此可以想象中国的大量生丝运到马尼拉后，在此地交易的情形。

西班牙人在菲律宾经营中国丝货，运往美洲，利润很大，约为投资的100%—300%，有时据说高达1000%。因为从事丝货贸易能获得这样高的利润，所以除了在菲律宾的西班牙人，秘鲁人、墨西哥人也争着到菲律宾市场收购丝货。既然秘鲁人与墨西哥人在那里竞争收购丝货，利润自然就降低，中国丝价便提高，运回美洲后利润降低至不足100%。在菲律宾殖民的西班牙人，当然反对秘鲁人与墨西哥人到菲律宾来和他们竞争。因此西班牙政府规定不准秘鲁人与墨西哥人到菲律宾从事贸易。菲律宾的西班牙人威胁西班牙政府：假若秘鲁人与墨西哥人再来，他们便放弃菲律宾。同时西班牙政府又规定，任何人到菲律宾，必须有人担保他在殖民地居留八年，或成为殖民地公民，免得他们只到菲律宾进行贸易往来。

从汉朝开始，中国与罗马帝国间的欧、亚陆路通行，号称为丝绸之路，我们可以把它和以菲律宾为媒介的中国与美洲间的海上丝绸之路做一比较。当时的陆上丝路，由中国西北长安出发，经过河西走廊，到新疆、中亚，最后到地中海沿岸，经过沙漠、高山、草原，也有部分商队在到达波斯湾后再由水路及陆路前往罗马帝国。在沙漠上有30匹骆驼的骆驼队，一共运载9吨商品，但驼步甚慢，故陆上丝路贸易由于运输量小，输出也很有限，因此西方史家在说到罗马帝国的衰败时，提及中国丝绸在市场上出卖，丝与黄金价值相同，一磅黄金换一磅丝。据说凯撒穿一件用中国丝绸缝制的衣服，被批评为太过奢侈。由于交通困难，运输成本高，导致贸易规模很小。15—16世纪新航路发现后，海上丝路规模远大于陆上丝绸之路。每一艘西班牙大帆船由300—2000吨重不等，运输丝绸的数量当然非常之大，而且海运运费比较便宜，再加上中国过去蚕丝工业发展，生产技术进步，成本低廉，以便宜的价格大量运销于美洲市场上，使丝绸成为美洲大多数人生活的必需品。这和罗马帝国时代的陆上丝路显然有天渊之别。

讨论：

问：（一）大明宝钞是不是法币？

（二）在大量输入白银后，中国的银价是否下跌，或造成不稳定的情形？

（三）西班牙曾讨论是否应放弃与菲律宾或中国的贸易，而在中国有否类似的辩论？

答：大明宝钞是法币，从洪武八年（1375）便开始发行。事实上中国在宋真宗时已发行交子，在四川流通。大明宝钞的问题是出在发行没有限制，收回有限制。黄仁宇先生根据《明实录》中的记载，指出在洪武二十三年

(1390)一年的记载，宝钞的发行量比收回量大得多，约为7500万贯之差，故纸币不断贬值。原来一两银子换一贯大明宝钞，一百年后一两银子换一万贯多的大明宝钞。

银在明代中国的需求非常之大，虽然在云南、福建、浙江都有银矿，但产量不丰。如以银课为例，在明武宗时，每一年银课等于同时期在秘鲁一星期的银矿产税，而秘鲁只按银矿产额抽1/5，中国则抽30%，可以想象中国银求过于供的情形。另一种比较银矿生产的方法，即从银矿的矿砂中可分辨是富矿还是贫矿，秘鲁的矿砂可提炼50%纯银，而根据《皇明经世文编》的记载，在中国的河北、浙江，好的矿砂含2%—3%纯银，不好的只有0.075%，远远不及美洲银矿的矿砂。由于本身的产量不足，故外来的银越多越好，银并没有因此而降低价值。但到了明末，因流寇的关系，在某些地区生产不足，运输困难，故物价较高，但这不是常态；明末辽东发生战乱，运输困难，运费也高，故物价上涨，银的购买力相对较低，这也是一个特例。

中国方面没有应否输入白银的辩论。如16世纪在菲律宾发生中、西冲突，华人被杀25,000多人，明政府也不敢对西班牙做任何反抗，即使公文来往也只是说一些不着边际的话，绝没有出兵之意。几年之后，由于利之所在，中国商人又复出海。到1639年又发生冲突。据说中国人误传菲律宾种有金树、银树，中国官员还去调查，以致引起了1603年的冲突。有些文献记载，银在16世纪的价值为20世纪初期的10倍，故购买力极强。

问：在16至18世纪中国通过西班牙进口大量白银，而明中叶改用金花银交税，进口白银与此制度改变是否有直接关系，还是只有比较间接的影响？

答：中国进口白银并不限于菲律宾，还有日本，葡萄牙船曾到长崎做贸易。此外，朝鲜也有银矿，据《朝鲜实录》记载，朝鲜也有银运往中国。清代在安南、缅甸也有银产，在16、17世纪外国的银到了中国便不再出口。

问：中国在江南苏杭一带，以及广东、福建的丝织品出产很多，但有没有总量的统计？与运到美洲的总量比较又如何？

16、17世纪中国与美洲贸易，与刺激江南的兴盛，在数据上呈现的关系如何？西班牙国内曾有关于与中国贸易的争论，其结果为何？

答：中国在江南地方的发展，主要得益于蚕丝业特别发达。以太湖为中心的广大区域有蚕丝生产，在受到对外贸易的影响后，便大量出口，换得大量白银，使地方富裕起来。在争论与中国贸易上，分成在殖民地的西班牙人与在西班牙的本土派，两派意见不同。西班牙政府折中处理，在1720年也曾明令禁止中国丝货运往美洲市场，但殖民地官员并不严格执行，有所谓“服从但不执行”。在西班牙国会中有人说，每年有10,000—12,000包生丝运到美洲，每包有多少不知，据说中国商人善于包装，每包重量很大，可能一包有一担重，当然其中可能有些是棉织品，但一年10,000担丝运销的数量，已相当可观。鸦片战争后五口通商，生丝大量由上海出口，增加很多，每年多至好几万担。

问：大明宝钞贬值时，物品相对于银子的价值是否同样会贬值？

答：用银来表示的物价，比较低廉。故中国商人可以较低价格卖给西班牙商人，当时记载菲律宾的丝价是广州的两倍。另外又有记载，有时马尼拉的丝价为广州的5倍。

问：1436年，明政府改成收金花银，银成为通货，但中国本身银产不足，何以会出现以银为货币的观念？

答：明政府于1436年开始准许用银子做货币，但明政府一年田赋总收入是2000万—3000万石米、麦，只有400万石换成金花银，在初期比例并不高。到万历九年（1581）张居正推行一条鞭法，才普遍用银纳税。所以用银是一步步来的，据明地方志记载，各地政府每年的收入，银的征收越来越多，米、麦则渐渐减少。

第三讲

中国与荷兰的交通与贸易

在开始谈今天的讲题之前，我希望能对上回的讲演做几点补充说明。

（一）过去大家只注意到中国与美洲的贸易，是从1784年美国船“中国皇后”号，由纽约开到广州的时候开始。船上载运有西洋参、檀香、皮草、银等，而由广州回纽约则以载运茶叶为主，当时是美国独立战争结束后的第二年。因为由美国运来的商品，有好些都是中国非常需要的，例如皮袍用的皮草，所以价值很高，还有西洋参是补品，檀香作为祭神用，故美国商人获利很大，以后中美贸易也就发展起来。然而根据前日的讨论，在16、17世纪，中国与西属美洲的贸易，已经以菲律宾为转运站而发展起来，换句话说，中国、美洲间的贸易，在1784年“中国皇后”号来华之前，已有两百多年的历史。

（二）为什么西班牙每年要用大帆船航行于墨西哥与菲律宾之间？其主要原因在于，由欧洲经南非好望角东来的航线为葡萄牙人所发现，葡人要垄断这条航线，因此西班牙人占领菲律宾后，不敢使用好望角航线，以避免与葡萄牙人发生冲突，而改由墨西哥横渡太平洋前往菲律宾。

（三）当时西班牙大帆船把美洲白银运往菲律宾，以私人或商人运输为主，但官方亦有不少银子运往。当时菲律宾被西班牙占领，但别的国家对菲律宾也有野心，如日本及后来的荷兰。西班牙政府为着要保卫菲律宾的安全，不得不运输大量银子赴菲，作为加强军事防卫设施之用。

（四）中国丝货由菲律宾大量运往美洲的情况到底怎样？根据荷兰官员在1618年的估计，西班牙政府因中国丝由菲律宾转运往美洲，每年共征税约50万西元，对其保卫菲律宾的经费大有帮助。故菲律宾继续由西班牙统治，直至1898年，西、美作战，西班牙战败，才改由美国统治。

荷兰人在1595年已经由欧洲向东航海，翌年到达爪哇下港（Bantam，在爪哇西部）。这次航行荷人并没有赚到多少钱，可是航行的经验却有助于后来的发展。荷兰之所以能打破葡萄牙的垄断航路，是因为荷兰人造船技术高明，能用比较少的水手，而且航行较快，既然好望角航路已经为葡萄牙人所垄断，荷兰船便一直远离好望角往南航行，再向东抵达爪哇。

1598年荷兰船共8艘，往东航行到爪哇，这次运回大量香料，利润为成本的100%以上。1602年荷兰东印度公司成立，独占东方贸易，并在下港建立商馆。1619年荷兰在爪哇巴达维亚（Batavia）建立贸易据点，以后荷兰以此为根据地，在亚洲发展贸易。

以巴达维亚为据点的荷属东印度，是香料大量生产的地区，荷人自那里把香料运回欧洲出售，此外中国的丝、瓷器等商品也通过那里大量转运回欧洲。荷人向东印度输出，则以白银为主。在16、17世纪，美洲开采银矿，有大量白银运回西班牙，但银到西班牙后，通过贸易及其他关系，有不少流入荷兰。荷兰人之所以能赚到西班牙人的银子，是因为荷兰位于欧洲西北部，能把波罗的海各地生产的粮食运到欧洲南部各地需要粮食的地方，如西班牙，故西班牙政府不得不准许银子输出来购买粮食。另外荷兰又能供应西属美洲各种消费物资，以及航行用的船舶及船舶上的各种零件。此外，荷兰与比利时曾被西班牙统治，到16世纪中叶，这些地区要反抗西班牙统治，要求独立，西班牙政府不得不在荷兰用兵，因为要平定叛变，光是在1580—1626年，在荷兰支付的军费，就超过250万公斤白银。这在布罗代尔的著作中称为“政治性的银子”（political silver），其中自然有大部分留在荷兰。

1648年欧洲三十年战争结束后，荷兰的“运银船队”（silver fleet），每年由阿姆斯特丹开往西班牙港口，把西班牙人从美洲运回的银子运走。这个运银船队，共有30—50艘，来往于荷、西港口之间。当时两国贸易，西班牙大量入超，而荷兰则大量出超。在17世纪中叶，西班牙从美洲运回本国的银子，约有15%—25%，由荷兰船运走的，有一估计甚至高达50%。1654年，有5艘荷兰船，从西班牙运走价值1000万荷盾的白银。

在17世纪前后欧洲每年要从亚洲大量输入各种货物，特别是香料、棉布、丝绸、瓷器等，其买价的3/4，须用金银支付，其中黄金主要运往印度，而大量的银则多半运往东印度。银与金的比例，以1618年为例，荷兰东印度公司东运白银价值611,000西元，黄金价值72,000西元；另外，每一艘往东印度航行的荷兰船，在1603年货物与银的价值比例为货一银五；1615年货与银的比例，则为货一银十五。

在17世纪50年代，荷兰东印度公司运往东印度的银子，每年约价值100万—200万盾，以后越来越多，到1700年达510万盾。关于荷兰商船每年运大量白银往东印度的情况，我们可以举出海底考古的发现来证明。1656年，一艘开往东印度的荷兰船，途中在澳大利亚西岸附近海洋中失事沉没，到1963年加以打捞，发现船中有大量银元。而沉船之所以在澳大利亚西岸附近海中，主要是因为荷人东来的船队，要远离好望角航线。随着海底考古学的进步，到了1963年有人在海底把沉船打捞，发现内有银币7000多枚，大部分为墨西哥造币厂铸造的银元，上刻年代为1652、1653及1654。这些在1652—1654年由墨西哥铸造的银元，在1656年的荷兰船上就有那么多，可知当时美洲铸造的银币，运回西班牙不久，便大量由荷兰船运走，再由荷兰商人运到东方来做买卖。另外沉船中又发现若干秘鲁及西班牙造币厂铸造的银元。沉船上的银元当然不止7000枚，它们长期沉没于海中，可能有许多已被海水冲走。

荷兰人虽然自己不开采银矿，但通过与西班牙的贸易，也能得到大量的银子，故该国商船能长期大量运银往荷属东印度。这些银子在东印度市场上，代表非常雄厚的购买力，吸引亚洲各地商人将货物运往出售。对荷兰人的银子最有兴趣的，是来自银价特别高昂地区的中国商人，他们看见荷兰人在东印度有那么强大的购买力，自然纷纷开船到巴达维亚，把中国货物售给荷兰人来赚取他们手中的银子。

在1625年中国商船开往巴达维亚的总吨位，有荷兰自东印度返国的船队那么大，或甚至更大。在1644年，开往巴达维亚的中国商船共8艘，上载货物3200吨，中国商船到达巴达维亚，再从那里开回中国，上载货1200吨，这和1637年由东印度回中国的商船载货800吨比较起来，可以说增加许多，但载重只有向东印度输出的1/3多点。这些由东印度开回中国的商船，主要的货物为胡椒、象牙、燕窝、檀香等，中国输出主要为生丝、丝绸、陶瓷器等。1644年中国商船载回货物1200吨，向东印度输出则多至3200吨，虽然象牙、燕窝为高价品，但在东印度的买价并不一定很高，因此中国对东印度的贸易大量出超，而荷属东印度则大量入超。这样一来，荷兰人手中的白银自然被中国商人大量赚回本国。中国商船运走白银实在太多，以致巴达维亚市场上作为交易筹码的货币常显不足，因此在荷属东印度，政府常常发布命令限制中国船运走白银；同时因为在巴达维亚流通的货币极度缺乏，不能满足交易上的需求，原先一些被剥夺货币资格的钱币遂被准许再度流通，以满足市场交易的需求。

自中国出口的生丝，大量卖给荷兰人。1612年，有一批生丝运到阿姆斯特丹，毛利为成本的320%。在1622年又有一批生丝，原本来自台湾，运到阿姆斯特丹后，毛利为投资的325%。在荷兰和亚洲之间的贸易中，生丝和丝绸的贸易显然非常重要，其重要性大约仅次于香料。除了中国丝，波斯也有丝生产，在17世纪30年代，波斯出产的生丝运往阿姆斯特丹，利润只为投资的100%，然而中国生丝却高达150%。每当荷兰商船把大量银子运往东印度，中国商人都对这些银子特别感兴趣，扩展生丝及丝绸等商品的输出。荷兰人到东方的时间比葡萄牙人晚，他们来到东方后，看见葡萄牙人以澳门为根据地发展中国丝绸出口贸易，大赚其钱，不禁眼红，故在1622年曾用海军攻打澳门，希望占领澳门，取代葡萄牙人在中国生丝及丝绸出口贸易所占的地位，但没有成功。荷兰人看到葡萄牙人在澳门经营向日本输出中国丝货的贸易，获得那么大的利润，有人建议拿荷兰在东方的殖民地，与葡萄牙交换澳门，但也未成事实。葡萄牙耶稣会传教士在日本传教，成绩很好，却为信仰神道、佛教的日本人所激烈反对。到了1637年，日本基督徒发动叛变，葡籍耶稣会士亦牵涉在内。1638年日本政府平定叛乱，便于1639年禁止葡萄牙商船再到长崎做买卖。当葡萄牙人被日本驱逐的消息传出后，在巴达维亚的荷兰人举行了一个大规模庆祝会，认为以后有希望发展在日本的贸易。

荷兰海军在1622年进攻澳门失败后，往北航行先攻打澎湖，于1624年侵占台湾南部的安平，西班牙人于1626年也侵占台湾北部的基隆、淡水。荷兰人于1641年驱逐西班牙人，侵占基隆、淡水，台湾南北都被荷兰侵占，后来到1661年郑成功始收复台湾。荷兰人侵占台湾后，以台湾为根据地，发展中国对日本及对欧洲的贸易。他们以台湾为贸易基地，一方面从中国商人手上收购生丝及丝绸，然后输往巴达维亚及荷兰；另一方面也发展对日本的贸易。他们发现把中国生丝、丝绸运往日本出售，利润极高，在1627年自台湾运往日本的生丝共值62万盾，而运往巴达维亚及荷兰的，只值56万盾。另外他们又以台湾为据点，发展中国瓷器输出贸易。据荷兰记载，17世纪荷兰共输出中国瓷器1500万件以上，运往欧洲及东方各国出售。中国陶瓷器之大规模的输出贸易，可说是荷兰商船的贡献。

台湾当时森林茂密，有很多鹿，荷兰人把鹿皮输入日本，每年约有七八万件；他们又把台湾的糖大量卖给日本。在荷兰发展对日本贸易的过程中，中国生丝与丝绸占有一个非常重要的地位，中国丝在日本市场上需求很大，贸易发展的成绩很好。荷兰船运中国丝到日本的数量，从1635年开始，每年都超过1000担，例如在1635年超过1300担，1636年超过1400担，以后都是1000多担，在1640年更多至2700担。中国的生丝与丝绸，原来由在澳门的葡萄牙人经营，输往日本。在嘉靖年间，明朝政府实施海禁，中国商人若要输出丝货，只有走私，但风险相当大，不容易经营。葡萄牙人在广州收购丝货，再从澳门运往日本长崎出卖，明朝政府无从干涉，因此葡萄牙人赚了不少钱。但到了1636年，输送生丝与丝绸到日本的贸易，却由荷兰人代替葡萄牙人来经营，如1636年荷兰船运日生丝共1421担，而葡萄牙船只有250担，荷兰已取代葡萄牙在中、日贸易中所占的地位。

1622年，有一位在日本平户商馆的荷兰负责人，在送给荷兰东印度公司董事会的报告中指出，1622年中国生丝运日约共3000担，在日本销售的中国货物总值中，生丝及丝绸约占2/3；到1636年，在平户输入总值中，生丝及丝绸占80.4%；到了1641年，生丝与丝绸占81.25%。到清朝，在1650年，占总值77.8%；1660年，占80%；1672年，占88.36%。可见明清之际中国生丝与丝绸在对日贸易中所占的重要地位。当时运销于日本的中国丝货，一部分由荷兰商船运输，另一部分由中国商船运输。

荷兰人以台湾为据点来发展对日贸易，与澳门葡人的贸易程度相当。在1640年有一报告说，荷兰人每年在台湾购买生丝与丝绸等货，投资额超过150万两银子。在16、17世纪，日本银矿生产丰富，能输出大量银子。在葡萄牙人还未被驱逐出日本以前，这些银子主要由葡萄牙商船输出，可是自从荷兰开始发展对日贸易，出口银子便改由荷兰船运出。在1640—1649年，荷兰船从日本输出的银价值1500多万盾，相当于450万两银子。这些银从日本输出，多半用来在台湾收购中国商品，同时也派人到福建沿岸收购，然后运往日本。所以这些银子有相当大的部分，实际上运到中国来了。

日本市场对生丝的需求很大，荷兰人除了向日输出中国生丝，又从波斯收购生丝运往日本出卖。不过荷兰人把波斯丝运日出卖，常会赔本，或者也不如中国丝的利润那么大。有一时期，中国丝由荷兰船运往日本，利润为投资的150%，而波斯丝只有100%的利润。因为荷兰人经营对日贸易非常有利，他们在日本商馆的利润，比在台湾商馆的利润还要高得多。荷兰人在东方的商馆，以在日本的利润为最大，其次为中国台湾，在波斯的商馆则占第三位。然而中国台湾与波斯商馆的利润合起来，一共只有日本商馆所获利润的1/2，可见台湾被荷兰侵占后，对于荷人发展对日贸易有很大的贡献。

清顺治十八年（1661），郑成功把荷兰人驱逐出台湾。荷兰人被驱逐离台后，该国海军一度与清政府联合，意欲打回台湾去，清政府也希望获得荷兰海军之助来对付郑成功。因此清政府特准荷兰船到福州贸易，因为当时厦门有时为郑成功所占领，不便前往。荷兰船从巴达维亚开往福州，对中国输入以胡椒为主，输出以生丝为主。在17世纪60年代，这种贸易利润为投资的100%以上。到了1676—1680年，利润降低，只为投资的61%。这时贸易利润之所以会降低，是因为海外中国商船和英国商船也输入胡椒，与荷兰人竞争。

除了荷兰，英国商船也在明末开始到达中国沿海，但在时间上比荷兰晚。英国于1588年击败西班牙无敌舰队，于1600年组织英国东印度公司，其后渐渐把葡萄牙人势力驱逐出印度。然而在印度的西方国家势力，还有法国。到18世纪中叶后，欧洲发生七年战争（1756—1763），在印度的英、法武力也互相冲突，英国在欧洲击败法国，连带在印度也巩固了它的地位。所以在明清时期，英国与中国来往并不太密切。在1637年（崇祯十年），英国武装商船到达澳门，后往广州，要求通商，当时广州政府答应过六天后回复，可是英国船的海军将官没有等到答复，就炮攻虎门炮台，升起英国旗。不久明朝灭亡，清初中国东南沿海，由于郑成功武装力量的威胁，实行海禁政策，沿海居民往内陆撤退，以便坚壁清野来对付郑氏集团。因此中国对外贸易曾经短时期停滞，只有荷兰船曾在福州做买卖。在这种情况下，英国人自然不容易发展对华贸易。

1683年，清政府统一台湾，解除海禁，以后海外贸易继续发展，英国商船对中国贸易才特别发达起来。英国发展对华贸易与过去的葡萄牙、西班牙、荷兰最大不同之点，是大量输出中国的茶。最初英国人只是把小量的茶运到英国，不料英人喝茶却喝上了瘾，以后非喝不可，而英国人喝茶是加糖的，因此英国课征茶税与糖税，其收入占英国政府税收相当大的比重。自1720年开始，中国茶输出价值超过生丝与丝绸。这是英国对华贸易的特点，但这已是18世纪，清朝中叶的事。

讨论：

问：西班牙人侵占台湾北部15年，荷兰人以台南为重要商业基地38年，不知他们在商业据点上发展成何种程度?

答：西班牙人曾在澳门附近，可能是珠海或中山市，建立一个据点，希望直接发展中国与西属美洲间的贸易，但因为葡萄牙人要以澳门为基地来垄断中国丝货的出口贸易，故用武力驱逐西班牙人。所以当西班牙人有机会侵占淡水、基隆后，也从中国商人手上收购货物，运往菲律宾然后再运往美洲，但这方面记载不多，同时他们在基隆、淡水时间不长，重要性恐怕不及荷兰人以台湾南部为基地来发展对日贸易。

问：西班牙、葡萄牙、荷兰对中国贸易的商品都相同，但策略上是否相同，他们彼此是采取竞争还是瓜分态度？中国对这三国的态度是否一视同仁，或有不同的处理态度？

答：荷兰人到东方较晚，然而其海军力量强大，并对葡萄牙人采取敌对态度。在西太平洋行驶的商船，以葡萄牙船为最大，载重1200—1600吨，但走得慢，而且目标明显，在17世纪荷兰海军在太平洋出没后，就容易被捕捉。故葡萄牙改用吨位较小的船，可以走得快些，航行于东南亚与日本之间，以便逃避荷兰海军的袭击。但马六甲在1641年被荷兰人占领以后，澳门对印度贸易便发生问题。因此我们可以见到，他们都要垄断、打倒对方。西班牙与葡萄牙有时敌对，有时合作，一方面，要对付强敌荷兰，便不得不合作；另一方面又互相冲突，当西班牙国王同时兼摄葡萄牙王位的时候（1580—1640），西班牙人曾建议驱逐葡人出澳门，以便东亚贸易完全由西班牙人垄断。由此可见，葡萄牙人与西班牙人也是互相冲突，欲独占贸易利益，不愿与人分享的。

问：他们有没有固定与中国某些集团做买卖？而这些集团是否因与某一固定国家做生意而取向有所不同？

答：我想可能有。可以参考“中研院”三民主义研究所张彬村博士所写有关明代中国沿海贸易的著作，还有《东西洋考》《闽书》《天下郡国利病书》等也许有一些数据可供参考。

问：1624—1662年荷兰人侵占台湾，发展对日贸易，有没有日本船直接到台湾来？1662—1683年郑成功及其后人统治时代，有没有台湾商人到日贸易？

答：17世纪头二三十年日本有一种“朱印船”由政府颁发“朱印状”（上面盖有朱色关防的特许状），准许出洋做买卖。但因16、17世纪明政府禁止中日直接贸易，不准朱印船在中国沿海港口靠码头，故日船只好到马尼拉及东南亚其他地区收购中国丝。他们在马尼拉与西班牙人争相购买中国丝，导致丝价提高，利润自然降低，西班牙人很不高兴。后来荷兰人告诉日本政府，若准朱印船出海，则很难禁止葡萄牙传教士秘密偷渡往日本，而这些教士会危害日本政府的统治，因此日本政府禁止朱印船出海。故有一个时期只有荷兰船与中国船到日本做买卖，日本实行锁国政策。

问：郑和的船，据记载长44丈，宽18丈，大约为多少吨？而葡萄牙人初到东方之船是120吨，不知两者相比如何？

答：郑和的船恐怕要比葡萄牙船大几十倍，但郑和下西洋，政治目的大于经济目的，实际上的经济收益也不如葡萄牙人开辟的欧、非、亚航路。

问：郑成功时代，朱印船为何舍近就远，不到台湾而到马尼拉？台湾商人有没有与日本贸易？

答：郑成功时军事开销大，必须发展贸易来增加收入，因此有与日本发展贸易的必要。日本也有船到台湾，但与在台的荷兰人发生冲突，有一段时期日本政府禁止荷兰船到日本，就是日本船在中国台湾与荷兰人冲突的缘故。

问：葡萄牙人在中国租澳门为货物进口据点外，是否设关征税，对外国之商船是否抽关税？

答：我想是可能有的。

问：美洲白银大部分流入中国，但在总额上与输往欧洲的比例又如何？

答：还是运往欧洲的比例较大，据布罗代尔的看法，16、17世纪美洲银子有1/3经太平洋、欧洲到达中国，但确切的记录我们没有。荷兰人一方面由欧洲把银子运到东方，另一方面也把日本银子输出，向中国收购丝、瓷等货物，据估计荷兰从欧洲运出的白银，只能满足1/3至1/2的贸易需求，另外贸易所需银子1/2至2/3，主要从日本输出得来。葡萄牙人从欧洲运到东方的银子，也只能满足1/3的贸易需求，其余2/3靠从日本长崎出口。

问：荷兰控制马六甲海峡后，对其他国家的态度如何？中国早期也与印度、阿拉伯有海上贸易，荷兰取得控制权后，这些贸易活动是否因此终止?

答:1557年葡萄牙人占据澳门后,在那年之前也占领马六甲,马六甲是印度洋与太平洋之间的交通要冲,葡人共占领了130年,因此他们在澳门、印度间航海能畅通无阻。可是1640—1641年葡、荷之战,荷兰战胜并占据马六甲,此后葡船经马六甲便常被荷兰海军阻拦骚扰,所以,对澳门与果阿邦的贸易跟着衰落,只能用小船航行。而荷兰人占马六甲也只是用以对付葡萄牙人,他们贸易的主要根据地,还是爪哇西部的巴达维亚。

问:从经济观点来看,葡萄牙占据澳门,荷兰侵占台湾,而发展对日贸易,是否有促成日本侵占台湾的关联性?

答:但此时离甲午战争还早得很。不过事实上日本对中国的台湾、对菲律宾都有野心,所以西班牙在菲律宾不得不设法巩固其防卫,免得日本对菲律宾骚扰；尤其对荷兰欲占领菲律宾，西班牙更感觉到是一个问题。

下编

清代经济概略

第四讲

人口与农业

今天讨论清代的人口与农业。我们对于中国过去人口的统计数字，必须小心处理。乾隆皇帝在乾隆五十八年（1793）有一文告提到：据过去记录，中国在康熙四十九年（1710），全国人口数为23,312,200，然而到乾隆五十七年（1792），人口数为307,476,279，认为80多年中，人口增加十多倍，谋生不易，粮食供应发生问题。（以上是根据《乾隆东华续录》卷一一八所载）但是，乾隆皇帝所根据数字而说的这些话是有问题的。因为康熙四十九年的人口数，不是实际的人口数，只是纳人头税或丁税的人口数字；而乾隆五十七年的人口数，是全国当时实实在在的人口数字。因为康熙五十一年（1712）有一文告规定：以后征收的丁税，以康熙五十年（1711）丁册所规定之丁税为常额，以后增加的人口，称“盛世滋生人丁”，永不加税，即以康熙五十年为常额，以后不再增加丁税。由于康熙皇帝这一文告，康熙五十一年后的人口数字，渐渐接近可靠的数字，这是一改变。

到了乾隆五年（1740），乾隆皇帝规定自乾隆六年（1741）始，利用保甲查报户口。故自乾隆六年开始，在《东华录》清楚地说包括“全国大小男妇”，即全国人口，不限于缴纳丁税的壮丁数字。这种情形自1741年开始，以后全国人口数字为：

1741年	143,000,000
1751年	180,000,000
1795年	313,000,000

1850年　　430,000,000

1953年　　582,000,000

1982年　　1,008,175,288

1,031,882,511（包括港、澳、台人口）

这是过去两百多年中国人口变化的情形。

中国人口在18世纪中叶左右，已达1.5亿至1.8亿人，此数字与明朝之人口比较，已有相当增加。关于明代人口，何炳棣教授曾于1959年出版*Studies on the Population of China, 1368–1953*一书，据他的研究，认为明代实际的人口，在1400年左右，有6500万至8000万人。当时官方人口数字，有许多地区少报，如云南、贵州等少数民族地区，人口查报往往不准确；华北地区，明初因经战乱，人口流动大，人口数字偏低。同时，有些地区，据地方志所载，每一百名男子，平均的妇女比例有减少的情形。平常的情况是男女数目大体上一样，但据官方的记载两百人当中，妇女只有90人、80人，甚至更少。同时，据地方志，每户人口应有四五人，但许多年份每户只有4人或3人或2人。由于每户人口的减少，我们可推想可能是因为人口少报，使每户成为小家庭。由于种种的理由，何炳棣教授认为官方的记载偏低。大概1400年（明初），全国人口可能是在6500万到8000万之间，1600年（明末），人口数可能为1.5亿人。以这些数字与清朝人口比较，是比较合理的，这说明了中国人口长时期增加的趋势。

如果把更早时期的人口拿来做比较，据《宋史·地理志》记载，宋徽宗大观四年（1110），有2000万多户，但人口数只有4600多万口。然而我们认为这人口数有问题。因为中国过去并不是每户只有两口的小家庭的社会，若孟子所说的八口太多，五口之家应该比较接近事实。若以每户五口计，12世纪初，中国全国人口当超过一亿人。

中国为何在12世纪初（北宋徽宗大观年间）能有这么多人口？这可能与农业生产方面的变化有关系。宋真宗在位时（998—1022），新稻米品种占城稻由越南中部传至中国，因为它耐旱故又称旱稻，在地上短时间成长便可收成，故又称早稻。这种新的外国品种在10世纪末年到11世纪初传入中国，最初在福建，后来扩展至长江下游江淮地区栽种。过去水稻因需要充分的水来灌溉，只有低地才可种植，而占城稻耐旱，不用太多水就可生长，使得生长地区不再受限，比较高的地方、山地、水少之地区皆可生产，因此稻米生产面积扩大，生产量跟着增加。我们可以想象到，有些地方因为雨量不够、水供应不足、常闹旱灾，过去不能种植水稻的，现在新的耐旱品种传到中国，这些地区亦可种植占城稻，于是稻米生产量增加了。

另外，这种稻米生长时间短，一年可种两回，因此有些地区气候温和，一年收成两回，不像中国原来的稻米品种一年只能收成一回，由于这个缘故，中国稻米供应增加。这是10世纪到11世纪初占城稻输入中国后，影响到12世纪宋徽宗时，全国人口可能超过一亿的说明。

在外国稻米品种传入中国以后，中国人口之分布，大约有60%以上的全国人口住于稻米生产地区，即在长江流域及长江流域以南，在11世纪后半，即有此种情形。换句话说，11、12世纪，中国人吃的粮食中，稻米占60%之多。明崇祯年间（1628—1644），宋应星《天工开物》卷一记载："今天下育民人者，稻居什七，而来、牟、黍、稷居什三。"我们可看到17世纪前半或中叶左右，中国稻米在各种粮食中所占的地位愈来愈重要，高达70%。稻米在粮食生产中之所以占这样重要的地位，这是因为占城稻从宋真宗时进入中国后，由宋至明，经几百多年的变化，在中国的气候、土壤中栽种，发展出新的品种，适应中国的气候、土壤，生产量愈来愈大，养活更多的人口。这是一种可能的解释。这是由宋到明稻米在中国粮食供应上所占地位愈来愈重要的情形。

其实，在中国春秋时期，稻米并没有占这么重要的地位。《论语》提到“食夫稻、衣夫锦、于女（汝）安乎?”孔子与学生讨论问题，把粮食中的稻米和穿衣服的锦同样看待，而锦在衣料中是奢侈品，非常宝贵的，他在不同粮食当中把稻米与锦相比，很可能在春秋时期稻米价格很贵而且相对地少，故以此相比。我们可以想象得到，中国古代稻米不多，但经过10世纪到16、17世纪长时期的农业变化，稻米却成为重要的粮食，养活更多的人口。

现再解释中国18世纪人口增加速度之快、时间之长的原因。1741—1795年，每一年人口增加1.485%，到18世纪末，中国人口已超过3亿人。把18世纪中国的人口与太平洋另一边的美国人口做一比较：那时美国刚独立不久，虽然土地面积并不比中国少多少，但其人口约只有400万人，而中国人口则超过3亿人，可见太平洋两岸人口分布不同的情形。由于人口不同的分布，影响两国以后的经济发展亦不同。美国因人口相对地少，土地或天然资源相对地丰富，因此劳动力供不应求，价格高，即工资高；而中国人口过剩，劳动力多，价格便宜，工资水平低。因此在美国若发明一种可节省劳力的机器，会得到社会的鼓励，可赚钱；而中国方面，如果使用机器来代替许多人的劳力，会发生社会失业的问题，由于经济困难，这些人可能会捣毁这部机器。对于节省劳动力的机器发明，在中国是得不到鼓励的，然而在美国却得到鼓励。这说明了美国有许多大的发明家（如大发明家爱迪生），科技发明成绩之所以好，与他们工资高昂有关。在美国，假如企业家用机器代替人工来从事工业制造，他可以大大地赚钱，且政府予以鼓励，允许他得到专利，社会上亦不反对他。然而中国人口比较多，需要工作机会，自然反对使他们失业的机器之发明与使用。这是18世纪末叶以来中国与美国，由于人口不同，影响两国工业化情形不同的可能理由。

18世纪中国人口为什么能够长时期每年增加将近1.5%？一方面，18世纪的中国，在嘉庆元年（1796）白莲教发动变乱以前，本土大体上没有内战，由于人民能够在长久和平时期中生活，人口自然大量增加。另一方面，耕地面积在乾隆时代也大量扩展，到乾隆三十一年（1766），中国土地面积增加到将近800万顷。而占城稻传到中国，到18世纪由于在中国土地中长期栽种，已适应中国的气候、土壤，有新的品种出现，这对于稻米生产增加亦有帮助。

另外，美洲的农作物番薯，明中叶后由于中外海洋交通发达，由美国经由菲律宾传入福建，在那里大量栽种。福建山地多，平地少，过去耕地有限，粮产不够，常闹饥荒，然而由于番薯耐旱，水分比较少之地像山地亦可生产，因此解决了粮食问题。由明到清，番薯的栽种愈来愈普遍传到别的地方去。乾隆年间山东、河南的行政长官特地将《甘薯录》一书印出来，教人民如何种番薯，又请福建的监生来教人民如何栽种，故番薯生产愈来愈多，对各地人民粮食供应大有帮助。

到了1931—1937年中国每年生产的番薯为1850万吨（不包括东北），是全世界番薯生产量最大的国家。

除番薯之外，另一种美洲农作物是玉蜀黍，又称玉米，或苞谷（Indian corn）。这种农作物也是16世纪左右传到中国，和番薯一样耐旱，不限于平地，在高山、水分少之地皆可栽种，而且此两种作物并不竞争土地，番薯生长于阴的地方，而玉米则长于向阳处，在高山上这两种作物皆可生产。玉米之生产，在明万历年间（1573—1620）的地方志中已有记载，如《大理府志》说云南西部那里栽种玉米，另外河南西部山地亦栽种玉米，皆见于地方志中。到清代更普遍，林则徐于湖广总督任内，在《林文忠公政书》的《湖广奏稿》中提到：汉水流域上游，湖北、河南、四川、陕西交界的地方，原来人口稀少之区，到清中叶左右，人口愈来愈多，主要是靠玉米的栽种得到粮食供应。他在《云贵奏稿》中亦提及：云南西部，在保山的老林开垦成玉米田地，各地无业游民到那里栽种，得到粮食以维生。这是玉米到中国以后，让中国粮食增加的情形。

全面抗战以前，玉米在华北各省粮食作物中已经占有重要的地位，例如在河北省占22%，山西占6%，陕西占9%。在全国各种农作物面积中，玉米于1904—1909年占11%，1929—1933年占17%。

东北方面，玉米的生产亦非常重要，如黑龙江主要靠大豆、玉米两种作物轮流栽种，以增加粮食产量。1936—1940年东北玉米产量，每年增加10.3%，1940—1944年每年增加7.3%，所以我们可以看到玉米在东北粮食生产方面所占的地位亦很重要。

以上是美洲农作物与中国粮食生产的关系。

除美洲传入的农作物以外，稻米品种的改

良，由清朝到民初，可以江阴的稻米品种作一例子来说明。在乾隆七年（1742）编的《钦定授时通考》，根据康熙年间的记载，在江苏江阴稻米品种共16种。到民国九年（1920），江阴稻米品种共有55种，这见于民国九年修的《江阴县续志》的记载。在这些前后不同的稻米品种中只有5种是相同的，另外有11种已消失，而这55种中在民国九年时有50种是新增加的，这表示中国农业工作者（农民），由清朝到民初，长时期对稻米品种进行改良，有许多新的品种出现，来适应中国的土壤、气候，以便生产更多的稻米。这是就稻米品种方面对中国粮产的增加做一说明。

水利灌溉工程对中国粮产的增加亦有影响。水利灌溉工程的建设，能让荒地（没有经济利用价值的土地）变为有生产价值的土地，因为：（一）把水利灌溉工程建设起来，附近土地有水灌溉，就可以有生产价值；（二）水利灌溉可以增加供应量以减少天灾，稳定农业生产；（三）

原来每亩田生产量比较少的，有了水利以后，每亩田生产的农作物数量便可增加。比方原来一年只收成一回的田，有了水利灌溉，一年可收获两回、三回，例如水稻有早稻、晚稻，一年可收获两回。

水利建设在清朝的情形如何？以湖南北部湘阴县为例，因为洞庭湖之水，冬天水退，春夏间水涨，水退时农民在洞庭湖四周耕种，所以必须建设水利工程，设立堤垸，将湖水挡住。1644年，堤垸只有四道，长15,172丈，受益田21,000亩，过了100年，到乾隆初年（1746），共有堤垸66道，长231,776.2丈，受益田167,000亩，即田地面积为100年前的8倍。这是洞庭湖四周围的一县，由于水利建设而增加耕地面积，因而增加粮食生产的情形。

周边别的县亦有相似的情形。清中叶左右有句俗语说“湖广熟，天下足”，或“湖南熟，天下足”。可见当时湖南、湖北为全国的谷仓，粮食生产大量增加，除了养活当地的人口，还供应其他地区人口的消费。关于湖南耕地的面积，官方的数字为：1685年22,892,400亩，1724年31,256,100亩，1766年34,396,500亩。由于粮食生产增加，所以湖南有大量稻米运至各地去卖，根据《雍正朱批谕旨》的记载，雍正十二年（1734）由湖广运至江浙的米粮，每年大约有1000万石。过去在宋代有句俗语说，“苏常熟，天下足”，可是到了清朝中叶却要从湖南、湖北运大量的米粮到江浙。从“苏常熟，天下足”，转变为“湖广熟，天下足”，这是自宋至清农业方面的变化。但并不是说江苏、浙江到了清朝粮食生产就衰落了，主要是这一地区人口大量增加，对于粮食需求大增的缘故。清代全国人口密度最大的地区是江苏，乾隆二十六年（1761），每一平方英里有600人，到道光三十年（1850），每一平方英里增加至1144人，人口增加，粮食消费自然增大。全国人口密度第二大的地区为浙江，1761年，每一平方英里有420人，到1850年有819人，增到两倍左右，因为人口多粮食消费大，故需由湖南将大量粮食输入。

另一解释，就是因为以太湖为中心的江浙广大地区，多数种桑田，所占面积广大，而粮食生产面积就相对地减少，故稻米供应减少，要从长江中游运米来消费。

另一种情形，江苏通州、松江府等地区大量种植棉花。据徐光启的《农政全书》所载，松江府的耕地面积中约有1/2种植棉花。长江下游由于棉花种植面积广大，稻米耕地面积相对减少，故需自长江中游输入粮食。

“湖广熟，天下足”的湖广，以汉口为中心，将粮食往长江下游输送。这些集中在汉口的粮食，除了湖南生产的米粮，当时由四川生产的粮食，亦由此顺流而下至长江下游，去养活当地的人口。在明末的四川，流寇张献忠杀了许多人，到清初，四川人口大量减少，田地无人耕种，政府乃奖励其他人口过剩的地区移民往四川。四川到现在仍有许多客家人，原来在福建、广东、江西山地居住，后来听到四川奖励移民故迁徙入川，得到许多耕地及优待条件（如无代价地给予田地，多少年不用缴纳田赋等）。四川为天府之国，土地肥美，粮食生产丰富，由于周边的省份人口移民到四川，因此许多地方又由荒地变为肥美农地，粮食生产增加，多余的粮食大量运到各地去。其中有不少往长江下游输送，有一部分更由上海及浙江的港口，转运到福建去卖，因为福建耕地少山多，土地多种茶和水果，粮食不够，必须从外地运粮来。这是以洞庭湖为中心的广大地区，由于水利工程的建设，而粮食生产增加，来满足各地增加的人口消费的情形。

除此之外，东北原来也是人口稀少的地区。据包世臣的《安吴四种》卷一的一篇文章记载：1685—1804年，这100多年之中，关东豆、麦每年有1000多万石由海道运至上海。可见由清初到中叶，尤其是18世纪，东北粮食生产增加，除养活当地人口以外，尚有大量粮食运到上海去卖。这一事实告诉我们东北的农业也慢慢发展起来了，人口少粮食相对地多，故可有多余粮食输出，对别的地方的粮食供应亦有贡献。这是清代中叶或乾隆年间，由于农业方面生产增加，能养活更多人口的情形。

清朝在太平天国战争以后，人口增加受到影响的省份共有16个省，死亡数据估计或为2000万人，或4000万人，甚至有人估计高达5000万人，时间是1850—1864年。除此之外，在西北、西南有叛乱，死亡人口亦相当的多。还有在19世纪后半叶，黄河水灾，1887—1888年黄河决口，河南几乎全省受灾，安徽亦受影响。另外，旱灾方面，西北和北方地区常闹旱灾，光绪三年（1877），山西、陕西、河南、河北因天旱失收而死亡的人数共约900万人到1300万人。这种种原因皆可能造成人口的减少。

不过，到1953年中国做人口普查，可看到中国人口已增加至5.8亿多人，1982年更超过

10亿人，这是中国人口增加的情形。

讨论：

问：（一）粮食增加的情形，除刚才所提的美洲农作物品种的输入、稻米品种的改良、水利灌溉工程的建设以外，农业技术改进的情形如何？

（二）江阴的稻米品种由16种增加到55种，这种农业的改良，地方与政府是否有特别的机构专门负责？

答：（一）农业技术方面是有改进的。《天工开物》对于明中叶后农技的改进有记载，例如将禽兽骨烧成肥料（磷肥）；也知道把黄豆放入土壤中，使土壤肥美，这等于现在的氮肥；南方更以绿豆磨成豆浆，将豆浆放于土壤中使之肥美，粮食亦更增加产量。

（二）民间与政府两方面皆注意品种的改良。

问：刚才提及农作物的品种，政府亦致力改进。有关于水利灌溉工程方面，堤垸是否亦为政府与民间所做？

答：是两方面同时做的。稻米方面，康熙皇帝曾在宫廷中亲自试验种植各种稻米品种，看看生长的情形，这见于李煦、曹寅的奏折中。由《宫中档》可见到政府对于农业方面很注意，要各地方的政府经常报告各地方的雨量、粮价波动的情形，每亩田生产多少稻米也须报告。雍正皇帝更是特别注意，见于《雍正朱批谕旨》。诸位对农业生产、米粮贸易、粮价有兴趣的话，可以参考《宫中档》康熙朝、雍正朝、乾隆朝、光绪朝奏折，利用空闲时间专以卡片抄某一种数据，比如某一地方某年某月某日，每一石米多少钱，另外一时间，每一石米多少钱，假如抄多了，可将之比较来做一研究；或是生产稻米、大豆、杂粮等不同的情形，将之有系统地抄下来整理，这对中国经济史的研究亦是一大贡献。过去许多人认为中国经济是长期停滞不进的，其实不然，若细细搜集资料，可看出其进步的情形。例如农业方面，米在古代是奢侈品，后来变成一般人的粮食。还有地方志亦可利用，过去这些年在台湾有许多地方志都已印出来，把各地方的粮食、税收、饥荒、收成好坏做比较，对农业史的研究当可有贡献。

问：刚才提到美国劳动力价高，机器生产量大，有益；而中国的劳动力价低，机器生产导致失业，是有机器生产出来而遭到反对，还是没有机器生产之环境？

答：亚当·斯密在《国富论》中提到美国人愿意娶寡妇为妻，因为寡妇的小孩可以做工赚钱，都是有价值的劳动力。这说明美国劳动力求过于供，若有新的机器发明代替劳动力，当然受到欢迎，这是美国科学技术能够进步的原因。

光绪初年（1876），英人在上海建造一条铁路，距离很短，但铁路沿线许多人如拉马车者，因此失业，不久又因有人被碾死，引起舆论攻击，乃将铁路收回。旧势力对新的发明的反抗，其中之一因是人口多，反对节省人力的科技发明；另一因是清政府以异族统治中国，为着要减少汉人对满族的反感，以八股文取士，年轻有为之士多浪费精神于科举，聪明才智从事于科技研究的少，这是中国科技不发达的一个原因。

问：前面提到明朝人口资料，女的比例较男的低，是不可靠的，请问妇女人口数少报的原因何在？若要少报人口应是少报纳税的丁男才对，为何是妇女人口少报？

答：有些省份如福建，杀女婴多，是一因。

另外，澳大利亚人马礼逊（G. E. Morrison），喜旅游，甲午战争前由上海乘船到重庆，由重庆步行经四川宜宾，再到云南东北昭通、昆明、大理，然后到了缅甸，长约三千里。当他到达昭通的时候，听说昭通去年有三千个小女孩被以奴隶身份卖掉，每人售价约为六两银子。他早上散步时，路上常见弃婴，多数是女婴。生活困难自然是一个原因。

问：美洲作物品种传入中国，是否与中国和西班牙、葡萄牙、荷兰的交通与贸易有关系？

答：当然有关系。从1565年开始，西班牙人每年由美洲开往菲律宾的贸易船，运载不少美洲物产，其中如番薯、玉米也到达菲律宾，而在菲律宾种植。中国商人到菲做买卖，1603年中国商人因与西班牙人冲突而被杀，多至20,000余人，可以想见中国与菲律宾的交通频繁。中国商人自菲返国时，自然带回美洲的农作物品种。

问：欧洲有位学者的说法，认为人口增加才有有效的需求，于是发明机器来养活人口，似与全先生前面所提的不同，平面的比较是否恰当？

答：美国刚独立时人口最初约有400万人，多数集中于东部，到1848金矿发现，才有不少人往西部移民，移民来自欧洲的多到达东岸，亚洲移民多至加州。移民使人口增加，可以满足劳动力昂贵的美国社会的需求。同时，节省人力之机器的发明在美国社会中自然得到鼓励。

问：除了人口增加的因素，是否尚有其他因素促使新的机器发明？

答：人口增加，促使消费增大，购买力强，所以刺激科技发明，这是有道理的。但市场并不限于当地，海外市场也很重要，如英国因海外市场需求大，而需要种种的科技发明，以满足海外市场的需求，如18世纪至19世纪的纺织业即是一例。

人口与科技发明的关系，是促进，是压抑？不可孤立来谈，必须落实于整个社会背景来看。

第五讲

货币与物价

今天讨论货币与物价。

明英宗正统元年（1436），政府征收金花银，就是在长江以南，水道交通不便的地方，让人民用银代替米、麦来缴纳田赋。所用的办法是以4石米、麦折换成一两银来缴纳给政府，称为金花银。每年政府得到的收入为100多万两，即由400多万石米、麦的田赋折成银给政府，这是一大改变。过去政府为维持大明宝钞的价值，禁止民间用银做货币来流通，在市场上以银为交易媒介是非法的。到正统元年，人民既然可以银代米、麦缴纳给政府做田赋，其大前提是把农产品运至市场出卖，一定可换得银，人民才有银来缴纳租税。故我们可以说，1436年是中国人民以银做货币来交易，变为合法化的开始。

1492年，即明孝宗弘治五年，政府对银的征收又进一步。当时在北方边境驻防有大量军队，在长城以北，蒙古还保留相当大的军事势力，虽然明政府在华北与蒙古军作战，已将之赶至关外，然势力仍强大，随时准备侵犯明帝国国土。在此情况下，政府于沿边设有九个边镇，这些军事重镇需大量粮食供应，政府于是实施开中法，让人民到边境把粮食交与政府来交换盐引。政府发行盐引，大的400斤，小的200斤，政府规定民间或商人可以拿粮食（主要是米、麦）送至边境，以粮食换取盐引。商人得盐引后，拿至盐生产地换盐。盐生产地很多，不过江苏北部两淮之区靠海产盐，而且有长江、运河以水道运输，运输量大，运费便宜，故两淮盐利润较大。政府规定每一个地方换盐所用的米、麦有多少的不同。这是一种用粮食换盐的办法，政府主要目的是要使北方军队能够得到充足的粮食供应。

最初商人要取得盐引，必须由内地把粮食运到北方边境，交给政府机构。后来商人觉得运费负担太大，不如在边境投资来开垦耕地，生产粮食，就地卖给军队，换取盐引。在边境投资开垦耕地的人，是一些有雄厚资金的商人，故称为商屯，即由商人投资，在边疆开垦的意思。但商屯的办法，实行时间一长，发生了问题，其中一问题是，边境发盐引的机构，盐引愈发愈多，而军队驻防的边地距离产盐区很远，并不知道产盐区今年产盐多少，以致发的盐引过多，不能马上换成盐。在这种情况下，商人感觉到困难，因为老是必须在盐产地等候盐引兑现，根据当时的记载，甚至有从祖父等到孙子，前后三代还换不到盐的。

弘治五年（1492），户部尚书叶淇，淮安人，亲眼看见盐商的痛苦，乃从事改革。改革办法是商人不用把粮食送到边境军队驻防区换取盐引再至盐生产区换盐，只需将银子交给政府，即可换取盐引，此盐引马上即可换盐，这个政府机构就是“都转运盐使司”。这样一来，政府不但可得到许多银子的收入，商人亦觉得很方便，于是从1492年开始实行。

商人因用银直接买到盐引来换盐，便不像过去那样辛辛苦苦地在边境开垦土地，因此边境粮食生产减少，造成边境地方米价、麦价的提高。政府收到银子后要送至边境作军事费用，这种银子称“年例银”，最初在弘治年间，约银40万两。但由于商人不再在边境屯田，边境耕地减少，粮食生产量亦少，产生供不应求的结果。在北方边境的市场上，米价或其他粮价自然而然地上涨，政府不得不运送更多的银子至边境，收购粮食，以满足驻防军队的消费，尤其到了边境有战事发生，驻防军队增加，需要的银子更多。这种年例银的开支，每年从几十万两增加到几百万两，万历年间300万两到

400万两银之间是很平常的。因此，北边银的购买力降低，物价则上涨。关于这些问题，在京都大学做研究、在东北大学教书的寺田隆信曾写过一书名为《山西商人的研究》，可参考。以上说明了中国输入通过海外贸易而来的银子，后来这些银子在北方因特殊的情况而使物价提高的特殊例子，因为边境军队较多，军费开销增多，银流到那些地方去开支，造成物价波动、粮价上涨，这是特殊的情形。

除了北方边境，在东北方面，到了万历末年，1620年左右，辽东发生战事，直到1644年明朝灭亡为止。由于辽东发生战事，政府因战争而开支的费用非常大，于是征收辽饷，一年多至500多万两银子，成为田赋的附加税。辽饷之外，因为流寇张献忠、李自成对抗明政府，政府不得不增加租税收入，以应付战费的开支。除辽饷以外还有练饷、剿饷，称为“三饷”，到了崇祯末年，多至1600多万两银子，这些银子主要用于军事方面。在战区及受流寇破坏的地区，由于物资运输的困难、生产设备的破坏，物资求过于供，物价不断上涨，因此在明朝末年，受流寇或辽东战事影响的地方，物价特别高昂。然而就全国来说，未受战争破坏之区物价仍低，这是明朝的情形。

到了清朝开国以后的头四十年，由于郑成功以福建厦门、台湾为根据地，与清政府对抗，清政府初时海上力量不如郑成功强大，所以在顺治十三年（1656）发布“禁海令”，禁止人民从事海外贸易。顺治十八年（1661）又发布“迁界令”，凡距离沿海20—30里的居民，都要往内地撤退。清政府所采取的办法是坚壁清野政策，避免郑成功的军队取得支持来进攻他们。在此情形下，海外贸易当然不能进行。由于海外贸易的停滞，过去在明中叶以后长时间得益于海外贸易的发展，中国对外贸易大量出超，由国外尤其由菲律宾运入大量白银到中国的情形就不存在了。换句话说，在清朝最初几十年，由于海外贸易的停滞，中国不继续由海外进口白银，市场上银价自然上涨，有银子者囤积起来，在这种情况下，更造成各地市场上银流通量减少，发生通货紧缩的现象。农民方面很痛苦，因为农产品卖价太低，不够成本，这么一来，民间要以银来向政府纳税就感觉困难，以致有许多人破产。这是清朝头四十年的大概情形。

在康熙（1662—1722）前半期，米粮价低，主要由于实行海禁，对外贸易停滞，没有外国白银进口。但到康熙二十二年（1683），这种情形开始发生变化，清政府军队统一台湾，取消海禁，恢复海外贸易，由于大量商品出口，贸易出超，又继续有不少银子运入中国。海禁停止后，英国在印度的统治逐渐稳固，在七年战争时期（1756—1763），英与法在印度、欧洲对抗，英国取胜，以印度为根据地发展对中国贸易。英国和中国贸易不同于西、葡、荷的地方，在于华茶出口贸易的发展。过去我国出口贸易，丝占主位。英国商人在17世纪后半，偶然带茶回去，喝上了瘾，且加糖，因此英国对于糖、茶皆抽税，此举对英政府财政的贡献甚大。尤其到18世纪末叶，拿破仑战争时期，英政府看见茶为民间必需品，茶所收之税高达100%，对政府财政贡献非常之大。中国茶大量出口的结果，是1720年出口价值超过丝，成为第一位，以后长时期茶成为第一位出口货物。

英国从中国大量进口茶叶，其对华贸易为入超，中国为出超，自然有大量的银子输入中国。1708—1757年，一共有将近650万英镑的银子运到中国来。1776年、1785—1789年，及1791年，英国银子输入中国总共约3,676,000英镑。英国东印度公司，将大量茶叶由广州运至英国去卖，其中一部分转运到其他国家，而美国、欧洲其他国家的商人亦到中国做买卖，把大量的茶运走。在此情形下，中国贸易大量出超。在1771—1789年间有记录的15年之中，各国输入中国的白银超过3100万元，其中有几年的数字是这样的：1786年，

400多万元；1787年，550多万元；1788年，450万元。

据H. B. Morse的研究，1700—1830年，中国进口银共达9000万英镑至10,000万英镑。过去曾提及西班牙人用大帆船从美洲开至菲律宾做买卖，每年1—4艘，通常是2—3艘。由于秘鲁、墨西哥银矿生产丰富，这些银除大量运回西班牙以外，另一部分经由太平洋用大帆船运至菲律宾。1765年，西班牙一官员在菲律宾说：在过去两百年，由西属美洲输送到菲律宾的银价值超过20,000万西元（peso），然而现在菲律宾只有价值80万西元的现银，其他的多运到其他地方去了。而马尼拉海关90%的关税，是向进口的中国商品征收得来的，故这些银的大部分很可能流到中国来了。另据De Comyn（德科民）的估计：从1571—1821年一共有价值40,000万西元的银，从美洲运到菲律宾，其中有1/2左右转流入中国。不过，我们现在认为估计为1/2太保守，因为据海关记载，菲律宾海关所抽的进口税，80%—90%都是向进口的中国商品抽收的结果。不论如何，我们可看到自16世纪至18世纪末、19世纪初，中国通过与菲律宾的茶叶贸易，长期输入大量银子是一事实。

清初四十年，由于海禁，海外贸易停滞，中国不继续输入外国的银子，这不过是短时期的事。从1683年起，海禁解除，海外贸易继续进行，外国银子又复进口。由于大量白银继续进口，中国作为货币之银的流通数量增加，物价跟着上涨。

根据一些记载，我们可看到江南的米价与广州丝之价格的变动情形：

苏州米价

年代	每石	指数
1722	0.99（两）	100
1748	2.00	202

续表

年代	每石	指数
1770	4.46	451
1786	4.30（十）	434

扬州米价

年代	每石	指数
1722	0.99	100
1786	4.80（十）	485

萧山（浙江）米价

年代	每石	指数
1713	1.35	100
1756	3.82	283
1796	3.05	226

这是米价的情形。而广州每担生丝的价格，则约如下述，都是增加3倍至4倍多。

广州丝价

年代	每石	指数
1704	100（两）	100
1784	310	310
1798	288	288

过去曾介绍汉密尔顿研究西班牙物价与美洲金银关系一书，他认为因为美洲银子大量运到西班牙，所以在17世纪头十年西班牙的物价，平均为16世纪头十年物价的3.4倍。汉密尔顿教授认为这种物价波动很大，可称为“物价革命”。既然16、17世纪西班牙物价增加3.5倍左右就可称为物价革命，在18世纪清代中叶的中国，物价增加3—4倍多，当然亦可以称为“物价革命”。

上述白银数量的增加，影响货币流通量的增加，因此刺激物价上涨。除了这主因，尚有一因，亦影响物价长时期上涨，那就是人口的增加。

中国的人口，在18世纪初，只有1.4亿人，其后到了18世纪末，超过3亿人。由于人口大量增加，为着要增加粮食生产来满足更多人口对粮食消费的需求，当时不得不把荒地开辟为粮食生产的耕地。当人口相对地少时，农民主要耕种最肥美的土地，因为每亩所生产的粮食较多，生产成本较低，农民把这种土地用于生产是最有利的。但到人口增加，对粮食需求增大时，光是种最肥美的土地不能满足需求，故农民要开辟不太肥美的土地（第二等）。第二等土地不如第一等肥美，可能需要建设水利灌溉工程，让水稻能生产。由于改良第二等土地，建设水利工程，投资增加，生产成本提高，第二等土地比第一等土地每担粮食需要之生产成本提高，粮价亦因此而提高。当第二等土地因生产成本增加才能生产粮食的时候，第一等土地地租就出现；假如租给农民耕种，因生产粮食多、成本低，所以第一等土地有地租，而第二等土地没有地租。其后因人口增加，需要更多粮食，第三等土地亦不得不开辟耕种，在此情况下，第三等土地也许是荒地，要开辟成农业生产之地，更需增加投资。由于第三等土地生产成本更高，所以粮价亦不得不提高。这是人口增加，影响粮食生产成本增加，从而粮价长时期上涨的情形。

货币增加、人口增加，造成粮价的上涨，这些都是长时期的因素。除长时期因素以外，粮价的波动尚有短时期的因素，就是收成的好坏。今年收成好，粮食供应增加，粮价就降低，明年收成不好了，粮价就高，第三年也许又丰收了，粮价又降低。这种依农产收成好坏而发生的物价波动，是短时期的波动，不同于前述两种长时期的波动因素。

18世纪中国粮价的波动，应是长期性的。当时人们时常讨论，收成好但粮价仍高，降低不了，是什么缘故？主要是因为乾隆时代（18世纪）粮价之波动是长期性的，而不是短期性的，所以哪怕到了收成好的时候，还是维持高的价格，而不能降低。价格长时期上涨，显然与货币或银在中国流通量的增加及人口的增加有密切的关系。

到了19世纪，情形又发生变化。由于18世纪英东印度公司每年由广州输出大量茶叶，对华贸易长时期入超，把银大量由英输送到中国。英国在重商主义之下，舆论对此相当反对，认为作为货币的银子是一种财富，银子由英输出太多，会造成英国财富减少，所以反对东印度公司这种因购买茶叶而输出白银至中国的方法。英东印度公司想办法缓和舆论，于是将英国羊毛纺织品大量运销到中国来。过去英国生产的羊毛，以工业原料的资格，卖给欧洲羊毛纺织业发达地区如荷兰、比利时、意大利，而不在国内加工纺织。到了13世纪前后，有些商人看到政府财政困难，与政府交涉，由政府允许他们独占羊毛出口，条件是由商人缴纳一笔钱给政府。这些垄断羊毛出口的商人，在英国国内收购时，尽量压低羊毛价格，而运到欧洲大陆后，因为处于独占的地位来卖给欧洲大陆羊毛纺织工业者，就提高价格才卖给他们。由于英国国内外羊毛价格高低不同，英人自然乐意利用国内便宜的羊毛，加工纺织成羊毛纺织品，英国发展起羊毛纺织业，使许多人得到就业的机会。英东印度公司在与中国贸易时，曾想办法大量运英国羊毛纺织品到中国来卖。但中国五口通商以前，只开放广州对外贸易，而广州地处亚热带，羊毛纺织品在那里销路不好，英人乃设法开辟广州以北的港口，以便大量推销羊毛纺织品。这是英国为了平衡中国贸易，不得不推销他们的羊毛纺织品的情形，也因此在签订《南京条约》时要求五口通商，五口除广州以外，其余四口都是在广州以北、天气较冷之地。

另外一点，就是英国占领印度后，发现印度出产的鸦片烟，可以在中国有好的销路，就大量运到中国来卖。英国统治印度，每年税收约有400万英镑的盈余，以其中大部分购买鸦片运到中国来卖，卖出这些鸦片后就购买大量的茶叶运回英国。这些茶叶运回英国去卖，一方面售价远较在中国收购之价格高昂，利润跟着也高；另一方面，英国政府可收到不少进口税，这对英国有利。然而中国人抽大烟的增多，身体变坏，在经济方面由于鸦片进口愈来愈多，银由过去长时期进口，改变成出口。到了19世纪头十年，中国对外贸易仍是进口银子，不过后来就不断地输出大量银子了。在此情况下，中国认为问题严重，因为当时人们认为作为货币的银子是一种财富，银子由进口方向变成出口方向，大量流出，中国便要愈来愈贫穷。而且鸦片烟使中国人民身体愈来愈坏。因此道光皇帝派林则徐查禁鸦片，从而发生鸦片战争。

当银由输入改变成输出后，中国国内银价提高，银每两原换一千个铜钱，后来换到的钱愈来愈多，变成银贵了。每两银换钱数：

北京	1751（年）	820（文）
	1775	955
	1778	880
	1822	2000—3000
	1828	2500（直隶）
	1846	4600（直隶）
山东	1748	750
	1806	1450—1650
	1828	2600
	1830	2700
山西	1751	781
	1846	1500
云南	1766	1100
	1770	1150
	1794	2450

在清代每一两银子的法定价格是换1000个铜钱或少些，但19世纪初期的道光年间，每一两银子换2000—3000个钱，北京所在的直

隶、山东、山西、云南皆有这种情形。当时每两银子换到的钱愈来愈多，主要是由于鸦片大量进口，中国对外贸易由出超变为入超，银大量流出，故银价提高。在此情形下，民间有银者多半储藏起来，这样更推动银价提高。还有，当时民间缴纳租税给政府要用银子，可是农民将农产品零零星星地出卖，只换到一点点的钱，现需以更多的钱来换同样数量的银子来纳税，农民感到吃亏。因银子出口，银流通量减少，于是通货紧缩，物价降低。这是道光年间的大概情形。

到了1870年左右，欧洲各国实行金本位制度，银在欧洲、日本被剥夺货币资格，结果这些银子大量运到中国来，因为中国还继续实施银本位制度。于是自1870年到清末，又有大量银子输入中国，银输入量增多，它的购买力下降，以致物价提高。这是清代货币流通与物价变动的情形。

讨论：

问：由外国输入的银，是否重新铸造过才在中国流通?

答：没有。因为外国银元原来已有一定的规格，用起来方便，中国当时则以两计算。后来张之洞在广东也开始设厂铸造银元来流通。

问：海禁实施的结果，是银不能进入中国。铜钱在当时是否占很重要的地位？海禁解除后，铜钱的地位是否因为银的输入而受到影响?

答：清初本国铜矿生产不多，要由日本进口洋铜。清政府平定三藩后，开始采炼云南铜矿。自乾隆初年到咸丰年间，户部每年提出100万两银去办铜。比方，某一开采铜矿者需贷款，政府给予资金，条件是开采以后要按照规定的价格，把铜缴纳给政府，这种价格，通常都比市价低。这是办铜的一部分开支，而另一用途则是负责沿途运费的开支（云南→四川→长江下游→北京造币厂）。云南铜矿每年产铜1000多万斤，记录最高是乾隆三十一年（1766），产1460多万斤铜，相当于7300多吨的铜，这在当时是相当大的数字。因为在19世纪40年代，全世界铜生产量才50,000吨，而中国在18世纪一年能生产7300多吨，数量可说相当的大。云南在清代为铜钱铸造原料的主要来源（约占80%—90%）。

但咸丰年间云南动乱，使铜矿生产停滞，长时期下来，矿坑积水。后来动乱停止，生产仍不能继续从前的盛况。这是云南铜矿对中国铜钱铸造所做贡献的情形。

不过，清政府的税收，大体上，仍以银为主要支付手段，铜钱只居于辅币地位，且多用于价格低小的买卖，大买卖仍以银为主。

问：银大量输入物价上涨的地区，生产成本高，是否会影响海外贸易的进行?

答：物价上涨，只限于某一些特殊的地区，例如边防吃紧的北方，因为驻军多，消费多，加上交通不便，运费高，故物价上涨。但周边的地方一般物价仍低。前提及物价上涨，主要根据江浙地区的资料，另外丝价也上涨，18世纪后半为初期的2—3倍。大概除了生产成本增加，另一因素为国外市场对丝需求增大，外国商人到广州收购的丝增多，中国商人把丝高价卖出，得到更多的银子，对中国更为有利。

问：全先生在有关物价的文章中，第82页有一图表，提到米价的涨幅为3.4—4倍。涨幅必然带来经济不稳定，为何康熙、雍正、乾隆之间，国势仍强，社会仍安定？现在台湾地区米价有一平准基金，主要就是怕米价太低，农民不生产，请问当时有没有这种情形？除了货币流通、人口增加的因

素，是否有解释当时收入增加的其他情形？而不只是单以米价上涨来说明。（彭文贤）

答：乾隆时代米价涨，消费者吃亏，但农村大多数人收入增加，生活富裕，因为农产品出卖的价格较高，农民得到更多的银子，生活自然舒服。清代各地都有仓库，储存大量米粮，米价高时，可稳定米价，不致使消费者吃太贵的米。

福建情形比较特殊，米价较高，比方湖南生产的米，沿长江顺流而下到江浙，一部分转运到福建，故福建米价因加上运费而较高。这可能因福建大量生产茶叶，输出后换取更多的银子进口，当地人入息增加。这种情形，可能是康、雍、乾盛世的一些解释。在嘉庆元年（1796）白莲教发生变乱以前，大体上，国内是比较安定的，可说是一盛世。

问：我对于彭先生的问题，有一点意见。（刘石吉）

物价上涨，对此必须有一观念，经济繁荣才会物价上涨。此外，货币供应较充足，以及产粮区和缺粮地区之交通亦会影响物价。另雍正乾隆之间的盛世之因，或谓粮食必须与人口比值增加配合，米的增加也许不及人口增加，但当时美洲新作物亦传入中国，配合着当时工商业发展与手工业的发展亦有关系。

我个人想请教全先生的问题是，全先生的研究中，一直说白银由外国大量输入中国，中国以白银为货币原料，自19世纪中叶以来，外国银元进入中国，外国银元对中国而言是一新货币，据最近之估计，外国进来之银元比起原来本地之银元，在清末是7 ∶ 3，尤其中国沿海地区货币供应充足，使利息下降到12%，比传统中国来说这一时代的利息算低。当时不论中国商人或者外国商人，都受到这种货币充分供应的影响，在沿海地区尤其明显。请问你认为在中国引起物价革命的影响是什么？似乎18世纪以来正面的影响较多，你认为呢？

答：很好。

关于物价高是否影响到康雍乾盛世，我以丝价在18世纪提高到3倍为例，这对苏杭当然有影响。以太湖为中心的江浙广大地区，人民多数是以丝纺织业为生，丝价高，得到的银就多，经济繁荣下物价就提高。物价与经济繁荣当然有关系。

第六讲

近代工业化的历史

今天谈近代工业化的历史。工业化和工业革命这两个名词常常不易分开，事实上有一部分是互相重叠的。就世界经济来说，工业革命是工业化的头一阶段，在这一时期，英国是唯一工业化的先进国家。就经济不发达的国家来说，工业革命是工业化的头一个阶段，工业化是使用资本的宽度加大、深度加深的一种过程，经过这一过程后，一个工人的生产力就增加了，在农业方面，每个单位面积的土地生产力也增加了。工业化是人口过剩地区解决过剩人口问题的一个办法，另一个办法就是移民到国外去。同时工业化也是经济落后地区增加国民所得的一个办法，因为工业化以后，各种生产因素如资本、劳动力、土地的生产力就提高。假如国与国之间，劳动力和资本能够自由移动的话，那么资本移到劳动力过剩地区配合工作，就是工业化，过剩人口移民到工业化国家，就是移民。

在18世纪后半段到19世纪中叶左右，英国发生工业革命时期，有种种机械、技术的发明，从事大量工业投资，到19世纪中叶，英国成为世界的工厂。由于英国工业革命成功，其生产技术慢慢地传到其他国家，其他国家就利用英国工业革命的经验和发明，从事机械化的生产。如德国就是一例，在过去英国工业化需要100年，而德国在1871年统一后，只用了15—20年的时间就工业化成功，主因在于利用英国工业化的经验和发明，不用犯错误，使工业化的速度加快，也因此工业生产力增强，到1914年有能力发动第一次世界大战。

对于英国工业化的经验及其产品，中国在19世纪中叶左右，首先感觉到，英国轮船军舰速度快、效率高，枪炮火力大，中国落后的武器不能与之对抗。不过鸦片战争后，大家对这种新的发明并不太积极仿效、制造，魏源虽然主张“师夷之长技以制夷”，但当时未能实行。可是到了太平天国战争（1851—1864）后期，曾国藩、李鸿章等利用在上海外国人组织的军队常胜军，用西方枪炮帮助淮军作战，收复失地，平定太平天国运动。中国人亲眼看到西方枪炮火力之大与船运之快，比方淮军从安徽坐船到上海，中间须经太平天国的首都南京，然而因为走得快，所以很容易突破太平天国而到达上海。因此在太平天国战争末期，朝野人士认为中国沿海国防问题非常严重，要对付武力强大的敌人，必须自己能够制造轮船枪炮。

同治四年（1865）以前，曾国藩曾派容闳至美国购买建立江南制造局的机器。在此之前，常胜军助清打太平军时，因需枪炮做武器，曾设立炮局来制造炮弹。同时，把上海一洋人用来修造轮船、枪炮的机器铁厂收买过来，再加上容闳自美购回的机器，合并起来，成立江南制造局。这个制造局一方面制造枪炮，一方面又能造船。

1866年左宗棠在福州马尾设立船厂，得法国人之助，与法国人签船厂合同：规定在五年之内造船6—18艘，设立学校，将造船及驾驶轮船的方法教授给中国学生。每年经费60万两，头五年共花费100万英镑左右。所雇用的外国人多数为法国人，共75人，中国人共2500人。1874年此契约终了时，福州船厂共造成轮船15艘，其中10艘每艘排水量都在1000吨以上。

除了江南制造局，当时全国各省多半设立相当于兵工厂的机器制造局，如天津机器制造局，甲午战争前，朝鲜还派人至天津实地学习；较晚的有汉阳枪炮厂，是张之洞在1890年左右任湖广总督时设立的。

甲午战争前30年左右，中国建立这些为解决沿海国防问题而开办的兵工厂和造船厂，可称为自强运动的工业建设，也是中国头一个阶段的工业化，因为这些工业都是利用西方机器设备来制造，故可说是中国机械化生产的开始。因为这些工业并不能马上赚钱，所以私人不会投资，但它们既然与国防有关，政府就不得不负起责任来投资开办，这些工厂都是官办的。

这些官办工业当时也存在一些问题。（一）政府经费不够，设备简陋，效率低下，生产出的船性能差、速度慢；制造出的枪，式样陈旧落伍。（二）管理组织不健全，冗员太多，公款滥用。（三）技术人才方面有问题，例如福州船政局派至英国的留学生，回国后正值甲午战争失败，政府经费困难，不能发挥他们的长处，因为失业，不得不到外国洋行、领事馆担任翻译，并不能到船厂工作，学非所用。（四）工厂厂址亦有问题。例如造船厂需要钢铁作为造船原料，福州船厂设于靠海边的马尾，钢铁须由国外进口，不能在当地制造。虽然福建有铁矿，可是当时在福建并没有煤矿，而煤是炼铁炼钢的重要燃料，故福州船厂要老远从外国购买钢铁进口，才能造船，以致成本日高，成绩不好。张之洞任湖广总督时，设立汉阳铁厂，筹备时间从1890到1894年，1894年5月开始炼铁，不久之后因成本重，且炼成的钢质量不好，不利于制造铁路路轨。铁厂在官办时期，经费主要来自政府，可是甲午战败后，由于对外大量赔款，政府经费困难，只好改为官督商办，由商人募集股本来经营。这是甲午战后不久的情形。

为何官办的汉阳铁厂，成绩不好？原因是：（一）燃料问题没有解决。张之洞也知道，在炼铁制钢的过程中，需要大量的煤做燃料。湖北大冶铁矿储量丰富，铁砂供应没有问题。张之洞在大冶铁矿附近，投资开采王三石煤矿，希望开采到煤，把铁砂炼成生铁，再炼成钢，但开采到数十丈深时冒出大水，煤矿矿坑被淹，没有多余的钱买抽水机，只好放弃这个煤矿，不继续开挖。张之洞又在江夏县（今武汉江夏区）马鞍山煤矿开采，结果发现煤中所含硫黄的成分太多，不能炼成焦炭（焦煤），因此没有办法用来炼铁制钢。汉阳铁厂于光绪二十年（1894）开始炼铁制钢，所用的煤自开平煤矿买来。由于燃料供应不够，原来在汉阳铁厂有两个化铁炉，只开一个来炼。同时开平煤矿能供应汉阳铁厂的焦煤数量有限，而且加上高昂的运费，所卖的价格很高。因为开平煤矿不能满足汉阳铁厂的需要，乃由上海购买自外国进口的焦煤，但价格更高。化铁炉从1894年5月起开炉炼铁，到10月便被迫停炉不炼。

（二）张之洞为建设汉阳铁厂而订购的机器设备，主要来自英国。英国的机器厂在得到汉阳铁厂的机器订单后，问张之洞用何种原料来炼铁炼钢。张之洞竟回答说，中国地大物博，你们有什么就给我们什么好了。英国给张之洞的机器设备中，有两个贝色麻炼钢炉，不能把由含磷较多的铁砂炼成铁做原料来炼成合用的钢。这是机器设备的问题。

（三）厂址亦有问题。钢铁工厂在生产过程中需要大量的煤做燃料，大量的铁砂做原料，为节省运费起见，最好把厂址设在煤、铁矿都在一起的地方。但张之洞在甲午战争前开采煤矿并没有成功，焦煤的供应仍是问题。不得已求其次，厂址起码要设在铁矿生产地区，如大冶铁矿，以便减轻铁砂运费的负担。但张之洞不同意在大冶设铁厂，而决定设在汉阳，因为湖广总督衙门在武昌，汉阳距离武昌较近，张之洞担心铁厂的员工偷懒、贪污，想就近管理，于是在汉阳设铁厂。这样一来，只能经常由湖北东部大冶走一百多里的路，运铁砂到汉阳去炼，运费增多，导致成本也高。而且汉阳夏天雨量多，潮湿，炼铁制钢所需燃料更多。这些都是厂址的问题。

所谓自强运动的经济建设，到甲午战争时为止，情形有如上述。我们可以看到中国在甲午战争前30年，想自强但强不了，甲午战败是一证明。到甲午战争后，政府有鉴于工业官办很有问题，乃采取对应措施。(一)鼓励私人资本投资创办工业。(二)中国过去采用西方机器设备来制造的工业以国防工业为主，甲午战争后改变方针，提倡轻工业或消费品工业。这些工业用西方机器制造，成本降低，使大家享受到物美价廉的工业品，生活得以改善，故棉纺织工业、面粉工业及其他轻工业发展起来。(三)过去中国兴办工业，多半利用国内资金，但甲午战争结束，《马关条约》允许日本在条约口岸投资工业生产，外资在中国工业化的地位也就重要起来。这是甲午战争后开始的中国工业化的第二阶段，和自强运动时期工业化不同的情形。

官办的汉阳铁厂在甲午以前遭受的种种困难，张之洞在甲午以后无法解决，乃找到盛宣怀来招商承办汉阳铁厂。盛宣怀接收铁厂后，一方面负责经营铁厂，另一方面他又出任铁路总公司的督办，负责建设卢汉铁路（后改称京汉铁路）。当时主要的意思是，盛宣怀经办汉阳铁厂，生产的钢轨直接卖给铁路总公司，生产者与主顾为同一人，不愁没有生意，故盛宣怀两方面都负责。官办时期，政府曾对汉阳铁厂大量投资，但盛宣怀接手后，未能将过去官方所投资金还给政府，故政府仍有权过问，于是“商办”之上乃加“官督”，由盛宣怀向商人筹集股本来继续经营。

光绪二十二年（1896）盛宣怀负责官督商办汉阳铁厂以后，首先解决了两方面的问题。（一）燃料问题，派人到处调查，发现江西萍乡煤矿煤储藏量丰富、质量好，乃请一德国总工程师给予技术上的援助，从德国进口机器设备，同时获得德国洋行贷款400万马克（约银150万至160万两），终于煤矿产量大增，燃料问题得以解决。（二）机器设备方面，以含磷成分高的大冶铁砂做原料来炼成的生铁，因为汉阳铁厂的贝色麻炼钢炉不能把它的磷去掉，所以不能炼成好钢。盛宣怀负责后，派人送大冶铁砂到欧洲研究检测乃知此中情形，同时发现碱性马丁炼钢炉可去磷炼成好钢，于是添置四座这种炼钢炉，每座容量30吨，加上其他设备，在汉阳安装，终于炼成好钢。原来的两个化铁炉，每一座只能炼100吨的生铁，容量太少，乃增加一个250吨的化铁炉，在光绪三十四年（1908）完成。由于燃料、机器设备问题的解决，汉阳铁厂才能炼成好钢。各铁路建造所用的路轨及其他器材都由汉阳铁厂供应，例如卢汉铁路，汉厂共供应8万吨钢轨，16,000吨的零件及其他铁路器材，其他的铁路和附近的枪炮厂，亦购用汉阳铁厂的钢铁。

汉阳铁厂利用大冶铁矿的原料和萍乡煤矿的燃料来炼铁制钢，到了光绪三十四年（1908），三个机构便合并成汉冶萍煤铁厂矿有限公司，简称汉冶萍公司，取消“官督”两字而改为正式商办。商办的汉冶萍公司资本2000万元，这在20世纪初期的中国，是资本最大的一个工业企业。这是甲午战争以后到清末，汉阳铁厂由官办到官督商办再到商办的经过。

甲午战后，政府对于轻工业或消费品工业特别注重。比方用西方机器设备来纺纱织布的棉纺织工业，光就纺纱来说，像张謇（清朝最后一位状元），在通州设立大生纺纱有限公司，光绪二十五年（1899），资本是50万两，纱锭20,350枚，开工生产后利润增加，又以利润扩厂；到1922年，资金达1,995,790两，纱锭共66,700枚（全国838,192枚），相当于原来设备的3倍以上，这是张謇办实业的大概情形。另一位实业家祝大椿，在上海设碾米厂、缫丝厂、五金厂，都是他独自经营的，同时他又与他人合资设立纺纱厂、面粉厂、毛皮打包公司，投资总共超过200万元，共雇用4000多人。这又是在甲午以后，由于政府的提倡，民营工业在国内发展的情形。所以甲午以后到清末民初，可以说是中国工业化的第二阶段。

甲午战争后中国工业化另一点不同的地方，

是铁路比较大规模的建设。最初人民对于铁路的建设，有一种保守、反对的态度，比方光绪初年，由上海到江湾，洋人替我们建好了一条短短的铁路，后因压死一人，遭到舆论反对，乃由政府把它收回拆掉，送到台湾由刘铭传建设台湾铁路，故在甲午战争前夕，中国国内大约只有200英里长的铁路。甲午战争后，卢汉铁路和其他铁路相继建设，同时外资乘机加入，例如中东铁路。故到了清末，中国铁路长度增加至6000英里长左右。由甲午前夕的200英里增加到清末6000英里长的铁路，可说是甲午以后中国第二个工业化阶段的另一个特点。以上是第二阶段。

中国第三阶段的工业化，是在欧战发生（1914）以后到1937年。欧战时期，海上运输船舶多用于军事，民用减少，由于货船减少，海运费便急剧增加，欧战后期的海运费为1913年的10—20倍，使得过去西方工业先进国家将大量工业品运至中国市场出卖的情形大为改变。

过去工业先进国家，将物美价廉的工业品大量运至中国来卖，结果中国自己经营的幼稚工业不能发展，因为后者成本高、技术差，不能与西方物美价廉的工业品竞争。到了欧战爆发以后，海运船舶减少，运费提高，外国工业品不能大量进口，而且西方工业先进国家忙于参战，没有时间生产大量工业品运到中国来卖，于是中国大量入超的情形得到改观。比方1914年，中国贸易入超的数字是2.13多亿海关两，而到1919年则降低为1610多万海关两。这种入超数字的减少，表明西方工业先进国家物美价廉的工业品，不能大量进口来压迫中国的幼稚工业，于是中国的民族工业有机会发展起来。

以棉纺织工业为例，1915—1925年中国新设立了87家纱厂，1925年中国纱厂增加至350万纱锭。尤其有成就的是荣宗敬，他设立申新纺织无限公司，1916年只有21,960锭，到了1936年增加至567,248锭，为1916年的25.8倍。这一事实告诉我们，在欧战开始以后，由于西方工业先进国家产品不能大量运到中国市场来卖，所以中国能够建立起民族工业，荣宗敬就成为上海的棉纱大王。此外，在欧战时期，外国香烟不能大量进口，而使中国烟草工业发展起来。这是欧战以后民族工业建立的情形，也是中国第三个工业化阶段的特点。

中国从1865年开始，经过长时期的努力，采用西方机器设备，从事机械化的生产，然而工业化成绩并不令人满意。全面抗战以前，国际联盟对于各国工业化成绩的高低，有一估计，办法是根据1926—1929年，每一国家生产工业品的价值，用本国人口一除，即可得每国每人每年平均消费工业品的价值。据国际联盟的统计数字，我们得出1926—1929年每国每人每年平均供应的工业品价值：

美国	254（美元）
英国	112
德国	111

法国	96
意大利	60
日本	28
俄国	22
中、印	3

这表明中国虽然经过数十年的努力，但是工业化的成绩远不如欧洲、美国，故有此情形。

据刚才的讨论，工业化的主要特点，可说是机械化的生产。机器主要原料为钢铁，而炼铁制钢需要大量的煤做燃料，要机器转动需用机械动力，在19世纪大部分时间为蒸汽力，19世纪末叶以后为电力，不管如何，最重要的燃料仍为煤。故有煤意味着可从事机械化生产，工业化速度较快，成绩较好。

中国煤矿储藏分布的情形如何？大约有2/3在山西地下储藏，比方，据中国资源委员会的调查，山西地底下的煤占全国煤储藏量的66.5%，即2/3。中国调查山西煤储量，在

1980年后的数字为6000亿吨，约占全国2/3。然而山西由于距海远，而黄河虽流经山西，但并无航行之利，不能利用来将山西的煤及其他矿产运出，因此山西煤矿生产量并不占全国的2/3，全面抗战以前山西每年煤生产量占全国煤生产量的不到10%，在1927—1928年更低至只占全国煤生产量的7%多点而已。这告诉我们，过去山西煤并不能好好地开发利用。

19世纪末20世纪初，有一公司叫Pekin Syndicate（福公司），在伦敦注册，在中国方面取得山西东南部的开矿权益。福公司看到山西煤矿及其他矿产储藏丰富，若大量开采的话，需要有便利的交通运输，才能大量运到国内外市场去卖。最初因为想利用长江和汉水，福公司要求中国允许他们建筑一条由山西南部泽州（今晋城）到汉水流域之襄阳的铁路，意思是山西的煤经铁路运到襄阳，再经汉水、长江到海洋，便可将大量的山西煤运至国内外各地去卖。但后来发现汉水浅，大轮船不能到达襄阳，又要求改变路线，由泽州到南京长江北岸的浦口（泽浦铁路），若建造成功，可将山西煤大量运至长江下游，用水道转运到国内外各地去卖。

不过，盛宣怀当时正负责建筑由北京到汉口的铁路，而这条铁路要向比利时大量借款才能建设成功。比利时方面，希望中国将来能将所借之钱归还，才愿意贷款。盛宣怀基于这个考虑，乃反对英国建筑由泽州到浦口的铁路，因为深怕京汉铁路的买卖为泽浦铁路所抢夺，泽浦铁路可到长江下游，出海更方便，而京汉铁路只能到达长江中游，在此情况下比利时不会答应借款。因此英国福公司的铁路计划没有成功。加上山西人反对英国福公司在山西开矿，最后英国在山西的矿权，由中国以银275万两赎回。由此例可看到，山西资源丰富，当时英国福公司希望大量开采，然未开采成功，乃放弃。而中国自己亦未能大量开采，因此到了民国，山西虽然地下有全国2/3储量的煤矿，但生产量不到全国的10%。

对于这种情形，全面抗战时期日本侵占山西北部时，发现大同煤矿丰富，于是定下大规模开采的计划。为着要开采大同煤矿，乃改良由大同到河北沿海海港的铁路交通，希望能在1947年一年开采3000万吨的煤，运到中国东北和日本，以满足这些地方钢铁工业及其他工业的需求。不过1945年日本投降，此计划没有完成。

到近几年，中国亦继续注意山西大同煤矿。内蒙古的包头成为重工业中心，主要是利用山西大同煤矿的煤做燃料，来满足该地钢铁工业的需求。近年，美国帮助中国在大同以南160里的平朔县（位于朔州市）开采露天煤矿，共投资6亿美元，将来一年可生产1500万吨的煤。这是山西煤矿过去开采的故事，这方面是否与中国过去工业化成绩不好有关系，还请各位指教。

讨论：

主席：回顾中国近代化痛苦的历程，许多人会问：我们近代化或工业化失败，而日本却成功的原因何在？今天的演讲也牵涉工业化结果带来社会的改变。另外一点，这六次演讲从经济的观点看，中国由早先出超到后来的入超，这一大转变亦可一起讨论。

问：（一）19世纪中国与西方接触，基本上是西方工业革命以后，工业国家与农业国家接触后引起冲击，是西方冲击中国反应，帝国主义之角色，表现最明显的是经济帝国主义，即中国工业化的过程。中国工业化是成功还是失败，是另一问题，我相信是成功的，只是比日本少而已。工业化迟缓的原因很多，如资金、原料等。王业键先生介绍全先生贡献之文章亦提及，其实中国有25%以上的潜在剩余，但为何不能把农业的剩余转化为工业化的资金？这是另一很大的问题。中国工业化时，帝国主义除资金以外，连带地亦带进其他的影响，这些影响纯就经济观点来看，到底对中国是好还是坏？

（二）对于工业化后对中国手工业的影响，全先生提到有很多手工业被破坏，但是最近有一统计，直到20世纪20年代，新式工业占中国工业总产值的20%，其他手工业则占80%，手工业也是不断成长的。全先生刚提到民族工业在欧战前后，是成长最快的时候，其实也是中国传统手工业成长很快的时候。据这一统计，会让我们有一困惑，就是如果外国帝国主义带进来的经济影响是坏的话，那么中国手工业应该会一蹶不振才对，但是相反地，手工业在20世纪仍不断成长，想请教全先生对这一问题的看法为何。（刘石吉）

答：（一）一方面，西方用机器制造的工业品物美价廉，对中国手工业是一大打击，机器转动而纺成的纱，产量多，产品质量也较好，这是洋纱。而另一方面，中国手工业纺出的纱被淘汰了，但土布业重新调整，原来用土纱的现改用洋纱，土布质量改良了。在广大的中国农村中，能够用机器纺出的洋纱做原料去织布，且织出的布较耐用，如河北定县（今河北定州）、高阳的土布，各地土布工业反而发展起来，故刘先生所提的手工业资本占的比例很大是没有问题的。

（二）关于资本投资方面，中国对外作战赔款多，只好借债，每年中国还债的本和利占每年财政开支的比例很大。国民所得变成财政收入，财政收入变成赔款、还债的本和利，在此情况下，中国人所能利用的国民所得就很少了，消费以外能够剩余的也不多，难用于投资。甲午战争后中国赔款的金额，多达

2.3亿两，相当于纱厂900多万锭的投资，全面抗战以前中国全国纱厂总数为500万锭，对工业化的投资当然有影响。庚子赔款后情况更糟，每年财政收入的1/3都用来赔款及偿还外债的本息，中国国内资本缺乏，需要外资。

（三）关于中国农村有无剩余，这些剩余是否可变成工业方面的投资。这些年来，中国正在进行这些方面的工作，取消地主阶级，从农民方面取得很大的经济收益。比方租税方面取得大量农产品，同时通过收购（合作社），把国营工业品的价格定得很高，去换取大量农产品或工业原料，如棉花，这可满足棉纺织厂的需求；粮食方面，换取大量粮食，可送到工业区去解决集中于工业区的工人粮食消费的问题。农村的资金，有许多是这样转移到工业区去投资的。

问：官督商办与现代的国营企业有相似之处，很多人常以反面的角度来看，将之评价很低，认为中国之所以工业化失败，就是因为官督商办，这也是今天“国营企业”所碰到的问题。但是假如在资金取得不容易、风气不开的制度下，官督商办是不是时代的产物？如果没有官督商办的话，恐怕连工业化原有的一点点成就都很难达到。不知全先生对官督商办的评价如何？

答：这的确是19世纪中国社会的特殊产物、制度。盛宣怀筹集股本来经营汉阳铁厂，那时政府过去的投资，并不能将资金收回，因为商人购买汉阳铁厂的股票，拿资金去投资，但这些资金有限，不能还钱给政府，所以政府与盛宣怀有一协议，以后铁厂每出一吨生铁还一两银给政府。在铁厂没有将这笔钱还给政府以前，政府对铁厂仍有所有权，因为是债权人，所以需要官督。另外如招商局在购买船时，亦需要政府的帮忙，以低利贷款来增加轮船的设备，才能从事航运，那么政府当然是债权人，债权人在债务人没有完全还清债务以前，当然有监督的权力，所以官督，主要是资金太少的问题。

问：当我们在讨论落后国家的工业化时，常会讨论政府所扮演的角色，刚才全先生也提到官督商办的效果不好。究竟在近代工业化的过程中，政府是扮演积极还是消极的角色呢？如果不是积极的角色，那原因又是什么？

答：政府心有余而力不足，资金有限，受条件限制，出乎能力之外。像湖广总督张之洞，他希望好好办事，将官方资金好好地利用，他自己并不贪污，不过当时受整个国家社会条件的限制，如煤矿的开采、燃料问题，或技术问题，不是这些考中科举为进士而做官的人所能解决的。

问：在近代工业化初期，工业化的历程是否只是由少数地方官自己办起来，而不是由政府统一规划的？

答：清王朝对于控制政权较重视，而对工业化的态度较轻。

问：民国以后政府对于工业化的态度如何？

答：这方面，不能评估太低，在全面抗战以前，有相当的经济建设，如公路、铁路等。

问：19世纪末到20世纪初，中国工业化是有进步，但是除了张之洞、李鸿章等官员自办，是否有专业的技术人员担任顾问？另外山西的煤矿，英国的福公司已发现可利用，为何没有人想到在当地设立工厂？

答：（一）当时确实有一些比利时、德国、法国工程师和技术人员，如安装机器时就非常需要，不过当时的科技水平比现在低是没有问题的。只是利用外来技术，并没有全盘的工业计划。

（二）因为福公司只是初期阶段，交通运输问题没有办法解决，很难再向前进步。

问：向外国买机器时所签的合同中，技术的转移过程是如何的？是外国人派员来训练中国工人如何使用机器，还是对于机器的原理亦有所介绍？中国方面是否有改良技术，或只是仿冒而已？

答：确实有一些人是在外国人训练下学习技术的。但是，福州船厂的学生到英国留学学技术，回国后没有工作。这是对人才的浪费。不过像江南制造局也出版一些科技的书，对科技有贡献是不容忽视的。

问：（一）盛宣怀反对福公司的建议，福公司可否用京汉铁路？（二）德国和日本工业化的过程有效，两国的情形是否可加以比较？是否与其幅员不大有关？

答：（一）不能用京汉铁路，因从山西到河南坡度相当大，需要解决技术问题，且当时京汉铁路尚未完成，必须借助比利时大量的贷款才能建设起来。

（二）日本因明治维新才有利用西方科学技术来办理本国的经济建设，此情形和德国一样，不过日本还有一好处，就是甲午战后，得到大量的赔款，对经济建设有很大的帮助。

索引

一画

二画

三画

四画

五画

六画

七画

八画

九画

十画

十一画

十二画

十三画

十四画

十五画

十七画

大学问，广西师范大学出版社学术图书出版品牌，以“始于问而终于明”为理念，以“守望学术的视界”为宗旨，致力于以文史哲为主体的学术图书出版，倡导以问题意识为核心，弘扬学术情怀与人文精神。品牌名取自王阳明的作品《〈大学〉问》，亦以展现学术研究与大学出版社的初心使命。我们希望：以学术出版推进学术研究，关怀历史与现实；以营销宣传推广学术研究，沟通中国与世界。

截至目前，大学问品牌已推出《现代中国的形成（1600—1949）》《中华帝国晚期的性、法律与社会》等80多种图书，涵盖思想、文化、历史、政治、法学、社会、经济等人文社会科学领域的学术作品，力图在普及大众的同时，保证其文化内蕴。

“大学问”品牌书目

大学问·学术名家作品系列

朱孝远 《学史之道》

朱孝远 《宗教改革与德国近代化道路》

池田知久 《问道:〈老子〉思想细读》

赵冬梅 《大宋之变，1063—1086》

黄宗智 《中国的新型正义体系：实践与理论》

黄宗智 《中国的新型小农经济：实践与理论》

黄宗智 《中国的新型非正规经济：实践与理论》

夏明方 《文明的“双相”：灾害与历史的缠绕》

王向远 《宏观比较文学19讲》

张闻玉 《铜器历日研究》

张闻玉 《西周王年论稿》

谢天佑 《专制主义统治下的臣民心理》

王向远 《比较文学系谱学》

王向远 《比较文学构造论》
刘彦君　廖奔 《中外戏剧史（第三版）》
干春松 《儒学的近代转型》
王瑞来 《士人走向民间：宋元变革与社会转型》
罗家祥 《朋党之争与北宋政治》

大学问·国文名师课系列

龚鹏程 《文心雕龙讲记》
张闻玉 《古代天文历法讲座》
刘　强 《四书通讲》
刘　强 《论语新识》
王兆鹏 《唐宋词小讲》
徐晋如 《国文课：中国文脉十五讲》
胡大雷 《岁月忽已晚：古诗十九首里的东汉世情》
龚　斌 《魏晋清谈史》

大学问·明清以来文史研究系列

周绚隆 《易代：侯岐曾和他的亲友们（修订本）》
巫仁恕 《劫后"天堂"：抗战沦陷后的苏州城市生活》
台静农 《亡明讲史》
张艺曦 《结社的艺术：16—18世纪东亚世界的文人社集》
何冠彪 《生与死：明季士大夫的抉择》
李孝悌 《恋恋红尘：明清江南的城市、欲望和生活》
李孝悌 《琐言赘语：明清以来的文化、城市与启蒙》
孙竞昊 《经营地方：明清时期济宁的士绅与社会》
范金民 《明清江南商业的发展》
方志远 《明代国家权力结构及运行机制》
严志雄 《钱谦益的诗文、生命与身后名》
严志雄 《钱谦益〈病榻消寒杂咏〉论释》

大学问·哲思系列

罗伯特·S.韦斯特曼 《哥白尼问题：占星预言、怀疑主义与天体秩序》

罗伯特·斯特恩 《黑格尔的〈精神现象学〉》

A.D.史密斯 《胡塞尔与〈笛卡尔式的沉思〉》

约翰·利皮特 《克尔凯郭尔的〈恐惧与颤栗〉》

迈克尔·莫里斯 《维特根斯坦与〈逻辑哲学论〉》

M.麦金 《维特根斯坦的〈哲学研究〉》

G·哈特费尔德 《笛卡尔的〈第一哲学的沉思〉》

罗杰·F.库克 《后电影视觉：运动影像媒介与观众的共同进化》

苏珊·沃尔夫 《生活中的意义》

王　浩 《从数学到哲学》

布鲁诺·拉图尔　尼古拉·张 《栖居于大地之上》

大学问·名人传记与思想系列

孙德鹏 《乡下人：沈从文与近代中国（1902—1947）》

黄克武 《笔醒山河：中国近代启蒙人严复》

黄克武 《文字奇功：梁启超与中国学术思想的现代诠释》

王　锐 《革命儒生：章太炎传》

保罗·约翰逊 《苏格拉底：我们的同时代人》

方志远 《何处不归鸿：苏轼传》

大学问·实践社会科学系列

胡宗绮 《意欲何为：清代以来刑事法律中的意图谱系》

黄宗智 《实践社会科学研究指南》

黄宗智 《国家与社会的二元合一》

黄宗智 《华北的小农经济与社会变迁》

黄宗智 《长江三角洲的小农家庭与乡村发展》

白德瑞 《爪牙：清代县衙的书吏与差役》
赵刘洋 《妇女、家庭与法律实践：清代以来的法律社会史》
李怀印 《现代中国的形成（1600—1949）》
苏成捷 《中华帝国晚期的性、法律与社会》
黄宗智 《实践社会科学的方法、理论与前瞻》
黄宗智　周黎安 《黄宗智对话周黎安：实践社会科学》
黄宗智 《实践与理论：中国社会经济史与法律史研究》
黄宗智 《经验与理论：中国社会经济与法律的实践历史研究》
黄宗智 《清代的法律、社会与文化：民法的表达与实践》
黄宗智 《法典、习俗与司法实践：清代与民国的比较》
白　凯 《中国的妇女与财产（960—1949）》

大学问·雅理系列

拉里·西登托普 《发明个体：人在古典时代与中世纪的地位》
玛吉·伯格等 《慢教授》
菲利普·范·帕里斯等 《全民基本收入：实现自由社会与健全经济的方案》
田　雷 《继往以为序章：中国宪法的制度展开》
寺田浩明 《清代传统法秩序》

大学问·桂子山史学丛书

张固也 《先秦诸子与简帛研究》
田　彤 《生产关系、社会结构与阶级：民国时期劳资关系研究》
承红磊 《“社会”的发现：晚清民初“社会”概念研究》

其他重点单品

郑荣华 《城市的兴衰：基于经济、社会、制度的逻辑》

郑荣华 《经济的兴衰：基于地缘经济、城市增长、产业转型的研究》

王　锐 《中国现代思想史十讲》

简·赫斯菲尔德 《十扇窗：伟大的诗歌如何改变世界》

北鬼三郎 《大清宪法案》

屈小玲 《晚清西南社会与近代变迁：法国人来华考察笔记研究（1892—1910）》

徐鼎鼎 《春秋时期齐、卫、晋、秦交通路线考论》

苏俊林 《身份与秩序：走马楼吴简中的孙吴基层社会》

周玉波 《庶民之声：近现代民歌与社会文化嬗递》

蔡万进等 《里耶秦简编年考证（第一卷）》

张　城 《文明与革命：中国道路的内生性逻辑》

蔡　斐 《1903：上海苏报案与清末司法转型》

洪朝辉 《适度经济学导论》

秦　涛 《洞穴公案：中华法系的思想实验》

李竞恒 《爱有差等：先秦儒家与华夏制度文明的构建》

傅　正 《从东方到中亚——19世纪的英俄“冷战”（1821—1907）》

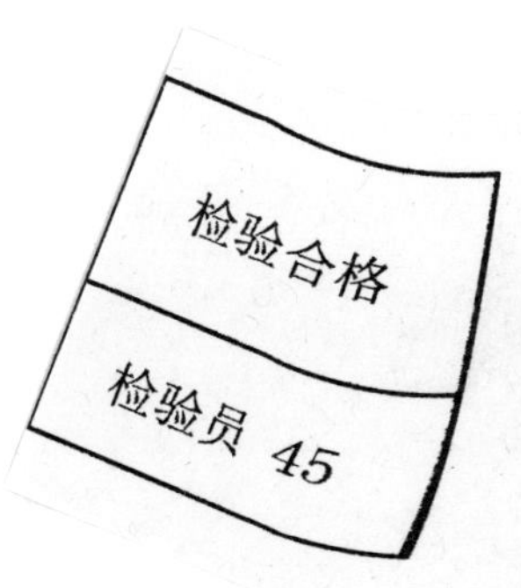
检验合格
检验员 45